I POLO

Una storia di Corte

di Felice Umberto Fasolato

Milano, inizio Febbraio 2012 – fine Marzo 2013, titolo originario: "I Poli" edito da 'www.il miolibro.it
Seconda edizione gennaio 2014
Terza edizione aprile 2015

Ai miei figli Danilo e Alberto

Prefazione

Qualche tempo fa, quando lavoravo in fabbrica, una parte del mio lavoro si svolgeva al telefono. Erano contatti con clienti o fornitori, con i quali dovevo affrontare i problemi derivanti dalla mancata rispondenza all'uso dei prodotti che ci si scambiava.

Durante queste conversazioni telefoniche avevo occasione di avere colloqui con colleghi di aziende dislocate nel Veneto.

Dopo aver scambiato qualche parola introduttiva, il mio interlocutore smascherava le mie origini venete dal mio cognome inequivocabilmente veneto e dalla mia pronuncia, anche se alterata dal mio vivere a Milano dalla nascita. Le conversazioni di lavoro diventavano così più piacevoli.

Uno di questi colleghi, originario di Vittorio Veneto, mi diede maggiori ragguagli sulla famiglia di origine dei miei nonni materni, provenienti dalla stessa città, dove tuttora vivono questi lontani parenti.

Da curioso di storia ho rintracciato informazioni storiche del paese dei miei genitori, Corte di Piove di Sacco.

Ho voluto immaginare i momenti di vita quotidiana di quei predecessori nel loro contesto storico, ricordando quegli avvenimenti talvolta poco noti che, intrecciati con le loro esistenze, hanno influito nelle loro condizioni di vita.

Nella ricostruzione degli avvenimenti mi sono avvalso di informazioni orali tramandate tramite racconti dei miei parenti.
Riguardo alla Storia di Corte ho attinto da diversi testi, facendone una libera ricostruzione.
Colgo l'occasione per ringraziare la Parrocchia di Corte ed in particolare l'interessamento di Giovanni Bissacco per il materiale storico che mi ha messo a disposizione.
Ho considerato questo lavoro un piacevole ripasso di Storia e di emozioni personali.

Lo scopo di questo libro è di tener viva la memoria delle nostre origini e trasmetterla ai nostri figli, affinché tengano vivi i valori tramandati dai nostri avi e non dimentichino le privazioni che hanno subito.

Felice Umberto Fasolato

LA VENDITA DELLA CASA

La volontà del sole di entrare in quella stanza si manifestava attraverso le oblique lame di luce che s'infilavano dalle alte finestre, tra le pesanti tende di velluto che avevano il compito di conservare l'austera riservatezza di quel locale.

Era la sala riunioni di una banca nel centro di Milano, un luogo che poteva ospitare molte persone. Lo dimostravano un lungo tavolo ovale in noce e delle imponenti sedie con alte spalliere imbottite di uno scuro cuoio tenuto assieme da grandi borchie a forma di piramide.

Appena entrati si percepiva subito di non essere in una stanza qualsiasi: le pareti tinteggiate di un'opprimente giallo ocra e un immacolato soffitto bianco, decorato tutt'intorno da rosoni, dove al centro del quale rimaneva sospeso un lampadario di vetro, con fiori dai pistilli luminosi e contornati da diverse fragili foglie trasparenti.

Alle pareti, antichi quadri ad olio dai colori ombrosi, simili a quelli dell'arredamento, rappresentavano luoghi ormai scomparsi di Milano e tratti dei Navigli ora nascosti da strade per la continua metamorfosi di questa dinamica metropoli.

Era un giorno di Settembre del 2000.

Il notaio pubblico ufficiale stava leggendo un atto di compravendita di una proprietà. L'attenzione del suo uditorio variava a seconda delle parti in causa.

I venditori avevano un' aria sofferta. Ascoltavano la lettura con svogliatezza, con aria contrita e con lo sguardo basso.

Di tanto in tanto, volgevano lo sguardo a chi lo stava leggendo, ma erano più interessati a meditare ognuno nei suoi pensieri. Quell'atto avrebbe loro cambiato la vita.

Ognuno avrebbe utilizzato la parte del ricavato di quella vendita in modo diverso. Era un'opportunità per saldare un debito o per reinvestire quella somma per il futuro dei figli, aiutandoli a comprarsi una casa o per concedere loro la possibilità di continuare gli studi.

L'acquirente invece ascoltava con attenzione, interveniva di volta in volta per fare quelle osservazioni che ne impedivano l'esatta descrizione, erano perlopiù osservazioni volte a correggere i dati anagrafici dell'acquirente, nomi stranieri complessi, non trascritti correttamente dai documenti.

Il pubblico ufficiale allora ne interrompeva la lettura per correggere e subito dopo rileggeva la parte corretta.

L'acquirente allora scuotendo la testa con aria soddisfatta, annuiva di volta in volta per confermare la correttezza delle modifiche apportate.

Durante la lettura vi erano anche pause dettate dalla necessità di verifica della documentazione allegata come parte integrante di quel trasferimento.

In quell'austera stanza di quella tiepida giornata autunnale stavamo cedendo la casa di famiglia nel Veneto, a Corte, frazione di Piove di Sacco.

La nostra proprietà era circoscritta da qualche *campo* [antica misura che corrisponde a 3862,5726 m^2] dalla vaga forma di triangolo rettangolo.

Aveva come confini nella sua ipotenusa un canale di irrigazione, il Rio e come cateto maggiore il sentiero che prosegue verso le proprietà degli altri rami della famiglia di origine, con il cateto minore come confine. Al centro di questa figura geometrica c'era la casa con il garage e il vigneto.

La sofferta decisione

La sofferta decisione di vendere era maturata dopo la scomparsa di papà. La mamma sarebbe dovuta rimanere sola in Veneto, lontano dai suoi figli.

I nostri genitori erano tornati nel Veneto quando papà andò in pensione negli anni '80. Presero allora questa decisione che li teneva lontano dai figli, nati e cresciuti a Milano.

Ora non aveva senso lasciare la mamma sola nel Veneto, la riportammo allora a Milano, dove tornò volentieri ad abitare nella casa che aveva lasciato prima di tornare al paese, dove viveva ancora mio fratello Giovanni.

La casa nel Veneto rimase così disabitata.

Ci si tornava per disbrigare qualche pratica rimasta in sospeso e in quelle occasioni si eseguiva qualche lavoro di manutenzione straordinaria.

Ad occuparci di questo eravamo io e mia sorella Lucia con rispettive famiglie, mio fratello e le altre sorelle non potevano occuparsene per altri impegni.

Dopo la morte di papà le altre sorelle e mio fratello non erano più venuti nel Veneto e tantomeno si volevano interessare della casa.

Tutto questo era accettabile, non lo era invece trovare tracce di invasori durante la nostra assenza.

Ad ogni nostro ritorno si trovavano delle sorprese, approfittando della nostra assenza, qualcuno era entrato nella nostra proprietà. Lo capivamo al nostro arrivo, quando trovavamo le tracce degli invasori.

Si trattava di cose di poco conto, ma che mostravano la vulnerabilità di una casa raramente utilizzata.

Tentarono di prelevare il gasolio di riscaldamento dalla cisterna dietro il vigneto, la cui apertura era protetta da un lucchetto e da grandi fogli di lamiera ondulata tenuti da grossi blocchetti di cemento. Un'altra volta trovammo traccia nel nostro terreno della sepoltura di un cane, in un'altra volta qualcun altro, non potendo permettersi di spendere soldi per comprarsi piante da giardino, ritenne di impadronirsi gratis di quelle nel nostro, lasciandoci delle grosse buche, in quanto quelle piante avevano delle grosse radici.

In vena di conquiste territoriali. un altro aveva prolungato la propria vigna oltre il fosso di confine che delimitava la nostra proprietà dalla sua.

Il rispetto della cosa altrui era rimasta una regola che apparteneva al passato.

Avevamo poi concesso ad uso gratuito la coltivazione di questi pochi campi ad un vicino, il quale non accontentandosi del terreno da noi offerto, pensò anche di utilizzare il terreno dedicato a vigneto che era frapposto tra la casa e i campi, sradicandolo e rimuovendone la recinzione che lo separava dalla casa e dai campi.

Bisognava prendere una decisione per far tornare a rivivere quella casa.

Già quando ci vivevano i nostri genitori la casa si era dimostrata troppo grande. Come di loro abitudine, loro parchi di esigenze, tenevano riscaldata solo la cucina e la loro camera da letto. Gli altri locali rimanevano freddi e l'umidità aveva preso il sopravvento. Il riscaldamento centralizzato per tutta la casa lo accendevano solo quando andavamo a trovarli con le nostre famiglie. Per riscaldare la cucina e la loro camera da letto bastava la stufa e *quatro sòche* [qualche ceppo].

Il salso tipico delle aree vicino al mare, aveva poi fatto il resto, corrodendo i muri che facevano staccare l'intonaco.

Le pezze di intonaco che rabberciavo, con il tempo si rivelavano insufficienti a rimettere a posto il muro.

Erano necessari interventi più radicali come togliere completamente il vecchio intonaco rifacendolo a nuovo ed eliminando la causa che faceva salire l'umidità sui muri da terra

L'impianto elettrico era vetusto, le prese a muro andavano cambiate e bisognava mettere un salvavita.

Un'alternativa sarebbe stata quella di affittarne una parte della casa, così quando si sarebbe voluto andare nel Veneto avremmo sempre avuto un posto dove andare. Il ricavato dell'affitto sarebbe poi servito a spesarne la sua manutenzione.

Ne parlammo con la mamma che non era d'accordo che estranei violassero quella casa.

L'altra alternativa era quella di lasciare le chiavi a persone di fiducia, ne parlammo con i parenti più stretti ma nessuno si fece avanti.

Avevo anche pensato a sobbarcarmi assieme a mio cognato Roberto, il marito di Lucia, l'onere di sfruttare momenti di vacanza per occuparci della manutenzione ordinaria.

Le nostre rispettive famiglie però non furono d'accordo con i nostri intenti e questo fece maturare la decisione di venderla.

La ricerca di un acquirente

Spargemmo la voce della nostra scelta, qualcuno si era offerto di rilevarla ma al momento di concretizzare, chi si era fatto avanti, era più interessato a fare un grosso affare più che ad offrire di acquistarla ad un prezzo di mercato.

Si fecero allora delle ricerche su internet e visualizzammo diverse vetrine di agenzie immobiliari.

Si arrivò a selezionare una mezza dozzina di agenzie stabilendo una data nella quale ad orari diversi sarebbero venute a visionare la casa per esprimere una loro valutazione del valore della nostra proprietà.

I funzionari di quelle agenzie che si presentarono quel giorno erano venuti tutti con il medesimo intento, sicuri che una volta fatta la loro valutazione sarebbero tornati in agenzia con il nostro mandato a vendere ma il loro intento non si attuò.

Si dovettero ricredere, non sapevano che quel giorno sarebbero stati in competizione con altri loro colleghi.

Ne rimase stupito uno che arrivato in ritardo all'appuntamento, intercettò un suo concorrente.

Un altro per immagine venne con una costosa macchina sportiva e con un'appariscente segretaria.

Scegliemmo un'agenzia che aveva fatto una valutazione documentando la scelta in modo oggettivo, avevano un programma nel quale inserendo i dati venne fuori una offerta ragionevole. Le altre agenzie avevano fatto delle offerte molto basse, non allineate a un valore di mercato. In questo modo avrebbero venduto facilmente o si sarebbero tenuti per loro quel surplus che andava all'agenzia qualora vi fosse una differenza tra prezzo di vendita richiesto e quello ricavato, clausole previste da alcuni contratti dove l'agenzia si incamerava questi soldi oltre alla percentuale richiesta per la mediazione.

Liquidammo per iscritto queste agenzie prima che si facessero carico di procedere a vendere senza autorizzazione.

Dopo poco tempo dal mandato a vendere, l'agenzia mi contattò che aveva trovato l'acquirente, costui aveva versato una caparra, proponendo un prezzo d'acquisto irrisorio. Rispondemmo per iscritto all'agenzia ricordandole che il mandato era condizionato da un prezzo di vendita e che quanto proposto non corrispondeva a quel mandato a vendere.

Mancavano tre mesi alla sua scadenza ed eravamo nei termini per informarla che alla sua scadenza lo stesso non sarebbe stato rinnovato, nota che venne ribadita a conclusione di quella missiva.

Ne parlammo tra di noi di come avremmo potuto gestire la faccenda in caso di mancata vendita.

L'unica alternativa era di spenderci dei soldi per ristrutturarla, non si poteva lasciarla in quelle condizioni, avremmo poi deciso successivamente sul da farsi.

In quei tre mesi che trascorsero l'agenzia riuscì a vendere la casa. Parte del terreno lo acquistò un cugino di papà per il valore stimato dall'agenzia.

L'acquirente della casa si era adeguato al prezzo di mercato. Si stabilì allora una data per il compromesso.

I ricordi

Nei mesi che trascorsero dal compromesso al rogito tornavamo nel Veneto per vedere cosa si poteva portare via di tutto quello che era servito per viverci: dai suppellettili da cucina; vestiti; mobili e attrezzi agricoli.

Erano testimonianze di vita che ognuna di loro aveva una storia, eravamo dispiaciuti nostro malgrado che una parte di loro avremmo dovuto abbandonarle.

Qualche anno prima che morisse, papà aveva capito che quel trattore tanto amato che si era comprato, non sarebbe stato più in grado di adoperarlo. Aveva sparso la voce che voleva venderlo e chiedeva un milione di lire, valore che aveva buttato lì per svenderlo perché valeva più del doppio. A Corte qualcuno si mostrò interessato e andò a casa a trovarlo.

-*Bepi i xe massa schei!* [chiedi troppi soldi] - Gli aveva detto questo probabile acquirente. Papà non si era scomposto e rimase fermo sulla sua proposta.

Questo chiamiamolo signore lo ritrovai in piazza a Corte dopo la morte di papà, mi fece delle brevi condoglianze, iniziando subito ad intavolare il discorso sulla vendita del trattore. Lo fermai bruscamente guardandolo freddo in faccia ed educatamente gli dissi: - Venduto. - Capì quello che volevo dire e che per educazione non gli dissi e lo congedai.

Quel trattore papà lo aveva comunque venduto ad un altro avvoltoio, era un vivaista di Campolongo che assieme al trattore si era portato via il banco che si collegava al trattore per tagliare la legna, oltre che la pompa e la matassa di tubo flessibile che serviva per prelevare l'acqua dal Rio, non contento si trattenne anche la percentuale di IVA necessaria per fargli una fattura con un lordo di un milione di lire, come aveva chiesto papà.

-Portammo a Brescia i mobili della sala, se li prese mia sorella Lucia e quei mobili vivono ancora adesso a casa sua.

I suppellettili della cucina quali pentole, piatti, posate rimasero al loro posto.

La camera da letto acquistata solo qualche anno prima rimase al suo posto come la maggior parte dei vestiti e i Borsalino di papà.

Rimasero al loro posto tutti quei vestiti nel "negozio", così come i nostri figli avevano ribattezzato quel locale nato come una cucina del primo piano e mai utilizzato con quello scopo. Lì erano stato montati scaffali metallici dove vi erano vestiti e scarpe di tutte le taglie, suddivise per misure con tanto di etichette sul ripiano. Erano gli abiti dismessi che ognuno di noi lasciava nel Veneto e utilizzava quando scendeva per qualche giorno di vacanza.

Nel pianerottolo rimasero quei mobili di cucina che un parente si era disfatto offrendoli e si supponeva gratis, richiese invece che glieli pagassero, cosa che i miei genitori fecero senza battere ciglio, Quei mobili vi rimasero lì smontati e parzialmente utilizzati per contenere detersivi e carta igienica.

Sotto al pianterreno, in sala in un angolo c'era un mobile d'angolo specifico in legno massello, se lo portò via l'amico mobiliere che ci aveva fatto il trasloco di quei mobili che si prese mia sorella. In quella sala rimase quel bell'orologio stile rococò in gesso finto legno che non funzionava più da tempo. Era stato acquistato per farne un regalo di nozze alla figlia di una cugina di mia mamma. Non andammo a quel matrimonio perché non aveva invitato tutta la famiglia, precisò che l'invito valeva solo per due persone.

Rimasero anche le innumerevoli coperte e lenzuola , letti, lettini, armadi delle altre camere dove ogni famiglia si sistemava. Io avevo il privilegio di usarne una specifica che la mamma mi riservava.

I libri invece ce li portammo via.

Nel garage dove c'era stato il trattore rimasero tutti gli attrezzi agricoli: le pompe per irrorare il verderame nella vigna, badili, rastrelli, zappe, zappini, picconi, roncole, accette, irrigatori, tubi.

Rimasero anche tutte quelle biciclette che ognuno di noi aveva, io lasciai la mia Rossignoli che avevo comprato con il primo stipendio di apprendista nel lontano 1966. Lasciammo la robusta bici di papà con i freni a bacchetta che ci era stata data in sostituzione della Bianchi che ci era stata ricomprata da quell'operaio dell'Astaldi alla quale l'avevamo prestata, poi c'erano le tre grazielle marca Olmo che papà aveva comprato per le mie sorelle oltre alle bici di tutte le taglie dei ragazzi.

Rimasero anche le grosse pentole per fare la polenta; il grande robusto pentolone in alluminio che era servito quando abitavamo alla cascina Monterobbio che serviva per riscaldare l'acqua per potere fare il bagno quando ancora non l'avevamo ne l'acqua calda che uscisse dal rubinetto. Tra quei ricordi vi era anche quel grande mastello azzurro di robusta plastica Moplen, utilizzato per versarci quell'acqua calda per poterci fare il bagno, riciclato per molteplici usi e ultimo dei quali ormai bucato, era diventato il contenitore della legna per la stufa.

In cantina invece rimasero le grandi botti ancora piene di vino e tutte le attrezzature per travasarlo.

Ci portammo via il torchio e la grande vasca dove si faceva il mosto. Rimasero appese al muro qualcuna di quelle reti da pesca non sequestrate che papà aveva utilizzato prima di aver preso una colossale multa di cinquecentomila lire per aver pescato senza licenza.

Sotto il vigneto dove c'era la vasca del gasolio di riscaldamento vi rimase una grande quantità di carburante. Papà non rimaneva mai in riserva.

Fuori dal garage, vicino al pollaio rimase anche la scorta di legna che la mamma non volle che si portasse via, preoccupandosi per i nuovi proprietari che secondo le sue parole "dovevano avere la possibilità di scaldarsi".

Lasciammo tutto questo a beneficio degli acquirenti.

Andare a Corte per noi era una vacanza e nulla più. Non sentivamo un richiamo per andarci ad abitare come invece era stato per i nostri genitori.

La mamma ci raccontava che a Milano vi era giunta giovanissima, nella fine degli anni '30 a far da tata per diverse famiglie benestanti.

Papà invece vi giunse in bicicletta nel 1949 con una valigia di legno prestatagli dal fratello, contenente tutte le sue poche cose ma con molta buona volontà, per costruirsi un avvenire migliore.

Quarant'anni dopo tornò ad abitare in quella casa da dove era partito. Con i risparmi di famiglia era riuscito a ristrutturarla.

Cedendo la casa avevamo interrotto 150 anni di storia della nostra famiglia a Corte, testimone dei fatti storici di quel periodo.

Figura 1: La casa di Corte

CORTE

Corte è frazione di Piove di Sacco, a confine tra le provincie di Padova e Venezia ed è attraversata da una ramificazione del fiume Brenta, sul quale argine è costeggiata la strada che da Padova porta a Sottomarina, molto transitata d'estate per chi vuole andare al mare.

Il fertile ambiente naturale con una fitta rete di canali e la generosità d'acqua sono sempre stati un patrimonio gelosamente rispettato quale principale fonte di sostentamento per l'attività agricola.

Gli abitanti sono per la maggior parte proprietari di pochi campi, sufficienti per coltivare ortaggi e tenere qualche vigna per i propri consumi, assieme al foraggio per qualche animale domestico.

Corte si raggiunge dalla Strada Provinciale proveniente da Piove di Sacco.

La stessa termina al di là del ponte sul Brenta dove alla rotonda diventa una strada provinciale che a sinistra si allontana dal Brenta in direzione Dolo, mentre a destra costeggiandolo, porta verso le zone balneari di Sottomarina e Chioggia raggiungibili con una mezz'ora d'auto. Qualora invece alla rotonda si voglia proseguire, si raggiunge l'altra parte di Corte, confinante con frazioni del comune di Campagna Lupia adiacenti alla Laguna Veneta ricca di riserve di pesca e allevamenti ittici.

Negli anni '50, in occasione di qualche rara vacanza, raggiungevamo Corte da Milano con i mezzi pubblici.

La nostra famiglia all'epoca era composta da tre figli e di conseguenza spostarsi in quel modo diveniva gravoso.

Era necessaria una giornata per raggiungere Corte dalla cascina Monterobbio dove abitavamo.

Ci voleva una mezz'ora per raggiungere a piedi *il Praticello*, così denominata piazza Belfanti per via di un'omonima osteria lì dislocata, più conosciuta del nome di quella piazza.

Lì vi transitavano i filobus della Circonvallazione esterna che giravano intorno alla città, percorrendola nel senso orario e antiorario e che permettevano di raggiungere la stazione centrale dove poter prendere il treno per Padova.

Raggiunta Padova, si prendeva la corriera per Piove di Sacco e da lì per poche lire un'auto pubblica ci portava a destinazione.

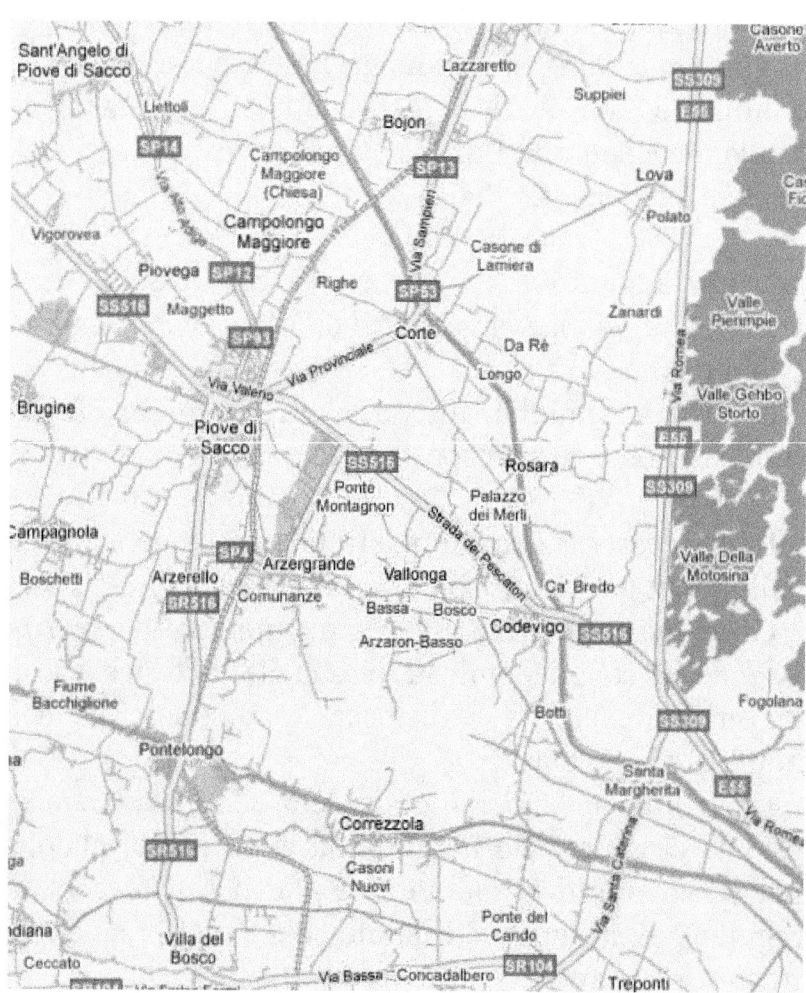

Figura 1: Il territorio della Saccisica oggi

30

CENNI STORICI DI CORTE

Corte ora è un piccolo paese, ma è ricco di Storia ed è parte di quel territorio denominato Saccisica, che si trova a cavallo tra le province di Padova e Venezia e termina sulla laguna veneziana.

Nel periodo della decadenza dell'Impero Romano fino alla sua caduta nel 476 questo territorio era quasi disabitato e abbandonato all'incuria a causa di frequenti scorrerie d'invasioni barbariche.

Gli abitanti di questo luogo lo avevano abbandonato, spingendosi verso il mare, rifugiandosi nelle isole della laguna e concorrendo alla fondazione della città di Venezia.

Nel VII secolo le invasioni si trasformarono in vere e proprie migrazioni. La conquista di Padova nel 601-602 da parte del re Longobardo Agilulfo, rese necessaria un'organizzazione territoriale.

I Longobardi che si stabilirono in questo territorio erano Arimanni, gruppi di uomini liberi con pieni diritti civili, non soggetti a schiavitù e si ponevano al servizio del re o del duca per sopperire alle difese del regno, maggiormente richieste nelle zone strategiche soggette alle invasioni. Ad essi erano assegnate queste terre denominate Arimannie con il compito di coltivarle e difenderle.

Qui a Corte l'Arimannia che si creò era una colonia indipendente dai re d'Italia e serviva per tenere lontani i Bizantini dell'Impero Romano d'Oriente che era ai loro confini.

Questa Arimannia, parte del Ducato Trevigiano, era la parte più estrema a sud e terminava sul mare. Era denominata come '*Vicus di Sacco*'.

Confinava ad oriente con la provincia '*Venetiarum*' appartenente all'Impero Bizantino, ad occidente e a meridione, confinava con il Ducato longobardo di Monselice, che a sua volta era zona di confine verso la Romania bizantina, che faceva capo a Ravenna.

Re Rotari nel 636 emanò disposizioni necessarie all'osservanza della legge longobarda per i Longobardi, che rappresentavano la quasi totalità della popolazione presenti nel territorio.

Queste disposizioni permettevano però agli italiani presenti nel luogo di osservare la legge romana.

In seguito alla ripopolazione di questo aggregato di case e terreni detto 'Vicus', si formeranno diversi villaggi fortificati denominati 'Ville'.

La nostra 'Villa' era quella denominata 'Corte di Sacco'.

In quel periodo del medioevo era denominata 'Corte', il centro di amministrazione di un territorio dal quale dipendevano i possedimenti che un signore aveva nei dintorni e che era costituito da diverse 'Ville'.

Vi erano altre Corti nei dintorni come Corte di Campagna, Corte di Concadalbero e Corte di Cona, ma erano definite semplicemente dalla località dove si trovavano. Esse erano pubbliche, i loro terreni appartenevano all'erario pubblico che era definito semplicemente 'Erario', mentre la nostra Corte comprendeva possedimenti che appartenevano al fisco reale ed era proprietà personale del re o del principe regnante e per questo il possedimento era denominato 'Saccus', da lì il termine Sacco.

Il territorio di Sacco, comprendeva gli attuali comuni di : Arzergrande, Arzerello, Bojon, Brugine, Cambroso, Campolongo Maggiore, Codevigo, Conche, Corte, Legnaro, Campagnola, Liettoli, Lova, Piove, Piovega, Rosara, Sant'Angelo di Piove, Saonara, Tognana, Vallonga, Vigorovea, Villatora.

Tra il 759 e il 774 il fisco regio di Adelchi destina i tributi regi di questo territorio al monastero friulano di Sesto.

Con la caduta del regno dei Longobardi nel 774 ad opera di Carlo Magno, la Saccisica è data in contea alla famiglia francese dei fratelli Giovanni e Carlotto Transalgard per le benemerenze che questi avevano meritato in guerra al servizio del loro re.

Nel 781 re Carlo conferma la concessione dei proventi di questo territorio al monastero friulano di Sesto citando la donazione di Adelchi. Questo è il primo documento dove appare la Saccisica.

L'epoca Carolingia vide l'avvento del feudalesimo. L'organizzazione sociale vede importare in Italia la 'Curtis' come organizzazione del territorio.

La 'Curtis' era suddivisa in tre parti: c'era la 'pars dominica', di pertinenza del signore o padrone, poi c'era la 'pars massaria' che, suddivisa in 'mansi' era concessa dal padrone ai vari contadini. Potevano essere coltivatori dipendenti, schiavi o liberi, i quali dovevano pagare un canone annuo al proprietario, delle tasse e dovevano fornire allo stesso anche giornate lavorative sulla 'pars dominica' chiamate 'Corvée'.

Esisteva poi nella 'Curtis' una terza parte di terreno incolto composto di boschi, prati e paludi, dove in comune si attingevano le risorse spontanee tramite la raccolta, la caccia, la pesca o il pascolo.

In questa *'Curtis'* il padrone rappresentava la legge ed era arbitro nelle controversie dei dipendenti della stessa.

La giustizia cortense escludeva il ricorso a tribunali esterni.

A questi diritti si aggiunsero quelli militari e fiscali che portarono la *'Curtis'* a creare nel suo interno forme di autosufficienza economica.

In seguito quest'organizzazione cominciò a disgregarsi per la comparsa di un altro tipo di contratto economico più vantaggioso per il contadino: *'il Livello'*, tipica forma negoziale dei soggetti di condizione libera con il quale il coltivatore (livellario) prendeva in affitto un terreno per un certo termine ricambiando con un corrispettivo di un canone e meno spesso doveva assoggettarsi alle *'Corvée'*.

Già sul finire del 900 la *'Villa'* di Corte era costituita da liberi affittuari e piccoli proprietari.

Le chiese tuttora esistenti a Corte, che sono quella di Santa Maria nella frazione di Righe e quella prepositurale di San Tommaso, erano presenti nell'anno 853, citate su un documento emanato dalla cancelleria imperiale detto *'Diploma'* mediante il quale l'imperatore Ludovico II confermava la proprietà al monastero di San Zeno di Verona sui beni presenti nel territorio di Sacco, ricevuti in donazione nei decenni precedenti da Carlo Magno e dai suoi successori.

Nello stesso diploma veniva anche precisato che il terreno donato doveva essere coltivato dai coloni ivi dimoranti.

Berengario, duca del Friuli eletto a Pavia re d'Italia nell'888, trovandosi immischiato in guerre, per attirarsi la simpatia dei padovani e averli come alleati, donò la Corte di Sacco a Pietro, Vescovo di Padova.

L'atto di donazione fu stipulato in un documento firmato a Pordenone nel 5 maggio 897.

Da quell'anno la signoria locale (il vescovo) ereditò il controllo degli uomini e assunse il titolo di Conte di Piove di Sacco, titolo che i vescovi padovani conservarono fino a qualche anno fa.

Le diverse *'Ville'* del territorio di Sacco avevano ciascuna una loro autonomia.

Fino ad allora i suoi abitanti pagavano i tributi alla Chiesa, ma erano sotto la protezione regia in quanto ne versavano una parte al re. Questa protezione venne a mancare quando Enrico IV nel 1079 spezzò i legami con la comunità rurale, facendo dirottare al Vescovo quella parte di tributi a lui riservata.

Il Vescovo diveniva allora arbitro della vita dei vari villaggi della Saccisica, riducendo di molto i margini di autonomia degli abitanti della *'Curtis di Sacco'* e interveniva nella nomina dei rappresentanti dei villaggi.

I rapporti tra il Vescovo e la comunità locale porteranno alla nascita di una forma di associazionismo contadino e delle prime comunità rurali in merito all'utilizzo di quella parte della *'Curtis'* che era il terreno incolto a uso della comunità.

I *'Vicini'*, capifamiglia dei villaggi che disponevano di quei terreni incolti considerati *'comuni'*, si riunivano per il riconoscimento degli usi civici e delle preesistenti comunità di villaggio, acquisendo sempre maggior potere di fronte al vescovo in materia di diritti e consuetudini.

Lo stesso Enrico IV nel 1090 con un *Diploma* diede agli abitanti di Padova la facoltà di crearsi un *Consolato* rappresentante la dignità consolare di Roma e l'antico uso del Carroccio, vero segno di città libera.

Sorgerà così la Repubblica con il nome di *'Comune di Padova'*.

A capo di ogni comune rurale fu eletto un *podestà* eletto tra gli abitanti di Padova.

Nel 1100, in questa zona a cavallo tra le province di Padova e Venezia, cominciarono i primi dissidi tra Veneziani e Padovani.

Nel 1161 con la discesa di Federico I detto il Barbarossa venne intaccata l'autorità del vescovo di Padova nella Saccisica.

Tuttavia in quel periodo il Vescovo nominò un ufficiale laico ovvero un *'Visdomino'* per fare le sue veci. L'ufficiale era Transelgardino, nobile di una famiglia già nota con la discesa dei Carolingi nel 774.

Dopo la cacciata nel 1167 del Barbarossa, i padovani continuarono a reggersi come Comune.

Intorno al 1200 avviene il definitivo passaggio di Corte dalla signoria vescovile alla sovranità del comune di Padova.

Nel 1265 il Maggior Consiglio emana provvedimenti atti alla manutenzione di tutti i villaggi del distretto.

Ezelino da Romano riuscì a impadronirsi del territorio padovano nel 1237 fino alla sua cacciata nel 1256.

In questo periodo i comuni della Saccisica continuarono a rivendicare la loro autonomia dai vescovi, tanto che il potere politico passò nelle mani di Padova e ai Vescovi rimase solo il titolo di 'Conti'.

Con la caduta di Ezelino la Saccisica tornò a far parte della Repubblica Padovana.

Nel 1317 Cangrande della Scala invade e devasta il suo territorio. Per fermare le sue incursioni nel 1318 Padova nomina Jacopo da Carrara come Capitano Generale (dando inizio al dominio Carrarese), il quale non riuscendo a contenere Cangrande, chiede aiuto all'Austria, che manda i suoi soldati fino al 1328. La difesa austriaca (anche se venivano chiamati tedeschi) si rivelò una vera piaga che devastò e saccheggiò i villaggi della Saccisica.

Nel 1327 Corte venne nuovamente razziata, questa volta da parte dei fedeli di Nicolò da Carrara.

Nello stesso anno alcuni contadini di Corte si ribellarono, uccidendo due soldati tedeschi rei di depredazioni. Per ritorsione i tedeschi uccisero tutti gli abitanti, donne e bambini compresi e il villaggio di Corte fu raso al suolo e bruciato.

Rimane territorio padovano fino alla fine del 1405, quando la Repubblica Veneziana sconfigge definitivamente i Carrara.

Corte diviene allora territorio veneziano che, salvo una pausa nel 1509, lo rimase fino al 1797.

Con la dominazione veneziana il territorio di Corte, rimasto fino allora prospero, subì una devastazione a causa dello scavo della Brenta Nova voluto dai Veneziani, che all'altezza di Dolo fecero deviare il corso del Brenta, dirottandolo verso Corte.

Lo scavo avvenne tra il 1488 e il 1507 ad opera degli abitanti del luogo e aveva lo scopo di salvaguardare la Laguna di Venezia.

Questi stravolgimenti del territorio portarono poi dissesti che provocarono frequenti inondazioni.

Cinquant'anni dopo si dovette creare a Corte una botte a sifone sul Fiumicello sottopassante al Brenta affinché lo stesso potesse defluire le sue acque in laguna.

Nel corso degli anni a venire si resero necessarie ulteriori opere idrauliche al corso del fiume, che terminarono ai primi del 1900.

Nel 1797 cadde la Repubblica di Venezia per mano di Napoleone, che si contenderà il territorio con gli austriaci lasciando il segno nella società e nelle istituzioni venete.

Nel 1806 Napoleone sopprime tutte le corporazioni religiose. Ne confisca beni mobili e immobili del territorio di Corte, concedendoli in affitto a pochi borghesi.

Tali proprietà verranno in parte vendute all'asta con il ritorno degli austriaci.

Tra il 1808 e il 1811 fu tracciato il nuovo Catasto. L'effetto di questa rivoluzione fu quello di inserire Corte nel comune di Piove di Sacco.

Con la creazione di questo comune si spengono le autonomie delle 'Ville' come Corte, che erano state autonome fin dalla fine del 1200, periodo nel quale i suoi abitanti dimostrarono di saper gestire il potere politico locale anche quando si trovarono a fare i conti e spesso a subire il dominio con forze più determinate e potenti.

Dopo l'annessione del Veneto all'Italia nel 1866 questi comuni della Saccisica ebbero limitata rappresentanza consiliare, spesso subordinata alla capacità contributiva e alla ricchezza immobiliare dei residenti e non furono più formati dai rappresentanti dei capifamiglia.

Questi richiami storici di Corte giustificano l'orgoglio dei suoi abitanti dall'appartenenza a questa comunità.

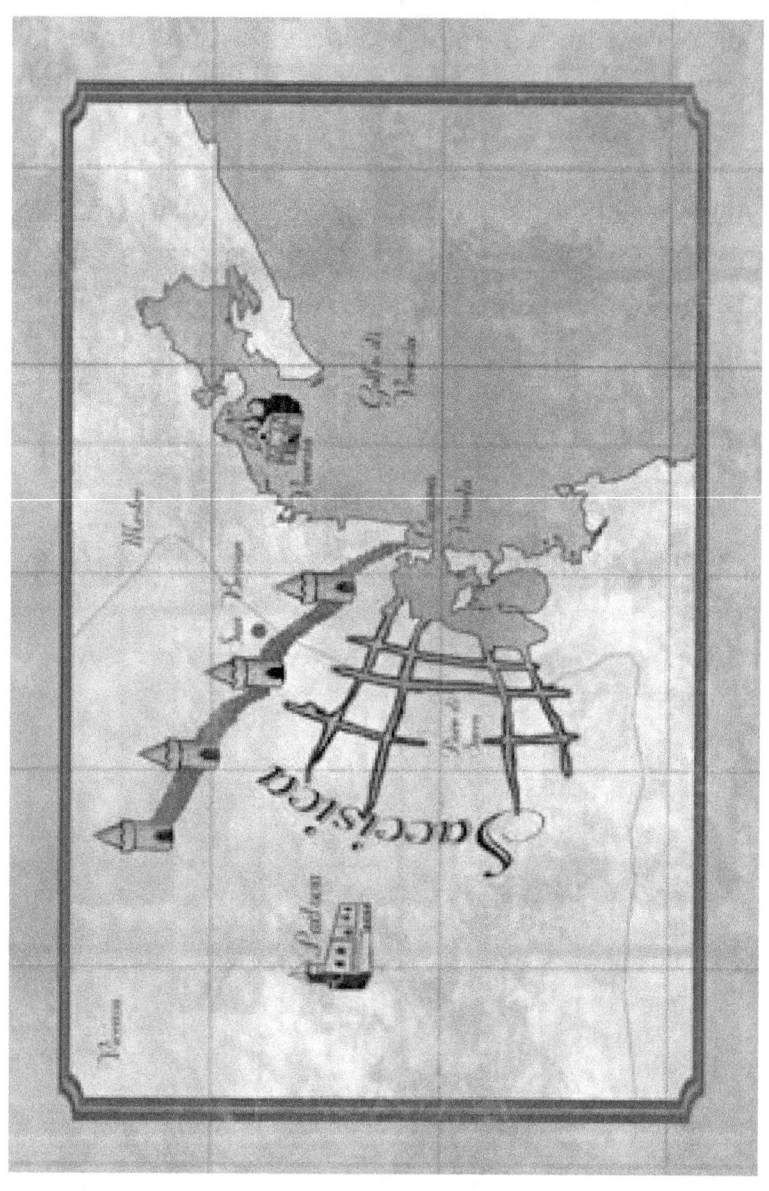

Figura 2: La Saccisica in una antica mappa, tratta dal sito del Comune di Pontelongo.

Figura 3: Area palustre tipica della Saccistica

RIGHE

La casa di Bepi, della casata dei *Polo* si trovava nella storica frazione di Righe, famosa per la piccola chiesetta dedicata a Santa Maria, che rimane chiusa tutto l'anno ed è riaperta solo in occasione della *'Sagra di Righe'* a Ferragosto, voluta dagli abitanti di Corte per ringraziare la Madonna, alla quale si erano rivolti per fermare la Peste che c'era stata a metà del 1839.

Via Righe si estende dalla piazza principale di Corte, di fronte alla chiesa di San Tommaso fino a raggiungere il paese di Campolongo.

In una diramazione di questa via vi è una stretta strada, seminascosta da siepi sempreverdi presenti ai suoi lati, che inoltrandosi al suo interno raggiunge altre abitazioni.

In questo primo tratto è costeggiata da salici, che nel periodo invernale vengono potati e distanziati in ugual modo e appaiono come soldati schierati in un picchetto d'onore per chi vi si trova a percorrerla.

D'estate, invece, i salici la trasformano in una verde galleria, un transitorio sollievo dall'afa del microclima caldo-umido che contraddistingue quest'area vicina alla laguna veneta.

Tutt'intorno frammiste alle abitazioni vi si trovano dei platani autoctoni e qualche estraneo pino e abete, piantumati dopo essersi resi utili come alberi di Natale.

Immancabilmente vi si trovano anche vigneti di uva Clinton, uve da tavola e qualche albero da frutta.

Prima di raggiungere la casa di Bepi Polo si trovavano le abitazioni del *Rosso* e della *Masiera*, nascoste nella vegetazione, ma svelate dalla presenza di galline che, incuranti di chi vi transita, beccano tranquillamente ai bordi del sentiero tutto quello che trovano di commestibile.

Il silenzio della campagna è rotto dall'abbaiare di piccoli cani che, fedeli al loro incarico, segnalano ai loro padroni gli insoliti transiti in quel tratto di strada.

In prossimità della casa della *Masiera* la strada assume un'altra dimensione: s'interrompono salici e platani e improvvisamente appare la visione del Rio, il canale d'irrigazione e sul lato opposto i campi frammentati da fossati.

La strada prosegue rasentando il Rio, dopo un breve tratto ha una biforcazione che porta da una parte alla casa di *Bepi Polo* e dall'altra, continua accompagnata da salici, raggiunge le case degli altri rami di famiglia dei *Polo*, ritrovando nel suo percorso la via Righe in prossimità della Chiesetta.

Figura 4: La chiesetta di Righe(dal sito museo della Saccisica)

Figura 5: Il vigneto dei Polo

IL SOGNO

Era il 1969 e papà aveva iniziato a pianificare il suo ritorno nel Veneto per quando sarebbe andato in pensione, pensando tra l'altro di comprarsi una casa propria.

In quell'anno vi erano le possibilità economiche per poterlo fare, poiché in quel periodo la famiglia poteva contare già da due anni sul mio stipendio e da poco anche su quello di mia sorella Maria Teresa.

Due anni prima, le condizioni economiche della famiglia erano diverse. La famiglia di otto persone doveva riuscire a viverci con il solo stipendio di papà, salariato agricolo e riuscire nel suo intento era già un ottimo risultato.

Allora papà possedeva come unico mezzo di trasporto la sua bicicletta Bianchi, con la quale aveva raggiunto Milano dal Veneto.

Da qualche tempo era finita l'attività agricola della cascina e lui aveva trovato lavoro come camionista alla ditta Olmo, famosa principalmente per la produzione di materassi e biciclette.

Per recarsi al lavoro percorreva in bicicletta una decina di chilometri. Si era poi comprato un motorino, al quale con il maltempo applicava un parapioggia che però aveva uno svantaggio, quando si veniva sorpassati da un camion, si creava uno spostamento d'aria che ti faceva sbandare. A causa di ciò un giorno non riuscendo a controllare il motorino, cadde e venne ricoverato in ospedale con un trauma cranico.

Si rese necessario allora comprare un'automobile di seconda mano. La scelta dell'acquisto doveva tener conto della sua famiglia numerosa di 8 persone, pertanto si comprò allora un pulmino Fiat 850 che consumava benzina come un carrarmato Leopard.

Quell'anno nel periodo delle ferie prese in affitto un appartamento a Sottomarina, dove i figli potevano stare in spiaggia.

Era il primo giorno di ferie, eravamo arrivati a Sottomarina poco prima dell'ora di pranzo, ci eravamo portati la spesa da Milano, pranzammo e dopo il sonnellino pomeridiano, papà non vedeva l'ora di andare a Corte.

Era ancora vivo in lui il ricordo di quando a Corte vi era stato per la scomparsa prematura di suo fratello in un incidente stradale.

Ci andammo tutti insieme, bisognava andare a salutare i parenti.

Prima di avere un'auto propria, a Corte vi si recava solo per qualche breve periodo o per qualche necessità e in qualche rara vacanza si veniva ospitati nella casa di suo fratello.

Parcheggiò il pulmino davanti alla sua casa natia e rimase deluso nel costatare lo stato di abbandono nella quale versava.

Sapeva che era rimasta disabitata perché gli eredi di suo fratello Giovanni si erano costruiti una nuova abitazione poco distante, ma nei contatti epistolari si era evitato di parlare dello stato nel quale si trovasse ora la casa natia.

Sceso dalla macchina, fece per dirigersi all'interno della casa, ma dovette aspettare, perché gli vennero incontro i nipoti con la cognata, contenti di rivederlo dopo tanti anni.

Dopo esserci rifocillati e aggiornati sugli ultimi avvenimenti di famiglia, ritornammo a rivedere la vecchia casa.

Si presentava con il tetto sfondato e la porta d'ingresso semiaperta che dava un ulteriore immagine d'abbandono.

Scoprimmo che al suo interno, tra le suppellettili abbandonate e ormai fuori uso, vi era cresciuta l'erba. C'erano poi vecchi mobili buttati alla rinfusa rovinati ancora di più dalle intemperie.

Entrati in cucina, le pareti interne presentavano ancora una tinteggiatura di quelle che si usavano un tempo: su uno sfondo di un tenue verde pallido erano stati impressi con un rullo sagomato dei fiori color marrone scuro e il risultato la faceva apparire come un muro tappezzato.

"W MSI:", vi era scritto a caratteri cubitali con un pennello sulla parete di sinistra della cucina appena varcato l'ingresso. Chi aveva fatto quella scritta probabilmente ignorava i patimenti subiti dagli abitanti di quella casa a causa di quell'dea politica, se lo avesse saputo, avrebbe risparmiato di scrivere quella scritta offensiva.

Su quella stessa parete rimaneva il segno di un grosso quadro che ormai non c'era più. Più che un quadro vero e proprio era un collage di foto fatto da un fotografo prima della seconda guerra mondiale, nel quale erano riportate le fotografie degli uomini di Corte che sarebbero poi partiti in guerra. Ogni fotografia era a forma di cuore, in alto una dicitura riportava: "*Il nostro cuore per i nostri soldati.*"

La forma della cornice aveva conservato al suo interno i colori vivaci del muro, in contrasto col resto di quella stinta parente.

Papà osservando quello scempio, legato ai suoi ricordi, vedeva invece quella casa in un altro modo.. Quella cucina la vedeva abitata, all'ora di pranzo, con ognuno al suo posto ed ogni mobile in ordine. Allungando lo sguardo verso il camino, vedeva sua mamma che mangiava nell'angolo dello stesso, con il piatto sulle ginocchia, ricordando anche i posti che ognuno della sua famiglia occupava. Quelle persone ormai scomparse vedevano probabilmente anche loro dal loro mondo quella casa come ora la vedeva lui.

La vecchia casa era stata costruita dal padre prima che lui nascesse.

L'idea di poterla restaurare avrebbe fatto onore a suo padre, che vi aveva speso il suo tempo per costruirla, ma si tenne per sé questo pensiero.

I giorni seguenti lui e la mamma piuttosto che stare al mare, preferivano fare i pendolari da Sottomarina a Corte, ritornando a Sottomarina per il pranzo, quindi riuscire e ritornare a casa la sera, all'ora di cena.

Erano rimasti lontani quei tempi quando papà a Sottomarina vi andava in bicicletta con gli amici ad invadere "pollai" di altri galletti, quando vi stava volentieri in spiaggia tutto il giorno. Ora aveva altri interessi.

LA REALIZZAZIONE DEL SOGNO

Erano passati ormai quattro anni da quelle prime ferie con il pulmino 850, nel frattempo era stato venduto e si era comprato una nuova Renault 6.

I figli più grandi ormai andavano in ferie per conto loro e un'auto di 5 posti era diventata più che sufficiente.

Era un'afosa giornata feriale di agosto del 1973 a Sottomarina. La famiglia era a cena e come consuetudine giornaliera in quell'occasione si commentava la giornata trascorsa.

Mamma e papà, com'era d'abitudine, erano stati quel giorno a Corte. Erano venuti a sapere da parenti che ci poteva essere una prospettiva di acquisto di quei terreni che appartenevano alla Curia e sui quali sorgeva la casa di famiglia.

Quei terreni la famiglia li aveva in affitto da oltre due secoli.

-Elena.- Esordì papà richiamando l'attenzione della mamma.

- Cosa ne dici se riuscissimo a trovare i soldi per comprare quel terreno in vendita dove c'è la mia casa di famiglia, potremmo poi mettere a posto quella casa. Cosa ne pensi? -

Il parere della moglie era determinante.

Qualche anno prima, in un transitorio periodo di due anni abitavamo a Malnate, comune vicino a Varese dove in una fase transitoria papà era stato licenziato dal Negri, fittavolo della Monterobbio e qui lavorava in una fabbrica di corde. La ditta voleva aprire uno stabilimento in Argentina e avevano proposto a papà di andarci a lavorare, portando famiglia al seguito, tutto spesato e dopo sei mesi, qualora non si fosse trovato bene era previsto che avrebbe avuto spesato il ritorno in Italia, ma la mamma si era opposta.

Non solo al trasferimento in Argentina , ma anche ad imporre la sua volontà di tornare a vivere a Milano.

Ora però, la mamma sapeva che quella casa per papà aveva un forte valore affettivo e quindi ne appoggiò le intenzioni.

- Bepi, è proprio una buona idea! - Commentò.

Il giorno dopo papà chiese udienza con una telefonata all'Arciprete per saperne di più e concordarono di trovarsi il giorno dopo.

L'Arciprete fu lieto di riceverli e fornì loro i ragguagli su quanto sarebbe costato l'acquisto di quei campi.

L'Arciprete espresse un prezzo ragionevole, però ad una condizione: bisognava lasciare una buonuscita agli attuali affittuari del terreno, gli eredi di suo fratello.

Concordi nell'acquisto e nella condizione posta, i nostri genitori fissarono con l'Arciprete una data nel quale sottoscrivere un compromesso, dove reciprocamente s'impegnavano a rispettare quanto stabilito.

Un primo risultato era stato ottenuto, ora bisognava informarsi sui costi necessari per la sistemazione della casa.

Si recarono allora da Paolo della famiglia dei *Capeo* per chiedere un preventivo della ristrutturazione.

Paolo era stato allievo di suo papà, Piero *Polo*, *mastro muraro* di Corte, insieme al quale aveva costruito quella casa.

Dopo essersi scambiati i convenevoli davanti a un bicchiere di vino, papà espresse a Paolo le sue intenzioni.

- Paolo, ho intenzione di mettere a posto la casa di mio papà perché avrei intenzione di tornare a Corte quando vado in pensione e siccome non ho premura, avrei bisogno di sapere quanto costa rimetterla a posto in economia e vorrei che si ricavassero due appartamenti .- Paolo aveva ascoltato con attenzione.

Le richieste erano chiare, bisognava solo fare una visita in loco.

-Bepi, cosa ne dici se andiamo ora a fare un sopralluogo? -

Papà consultò il suo Roamer automatico per vedere quanto tempo avesse a disposizione prima di un altro impegno che aveva.

- Andiamo. - Rispose, finendo di bere l'ultimo bicchiere di vino, alzandosi da tavola e dirigendosi verso la sua macchina, seguito da Paolo.

Paolo nel suo sopralluogo prese qualche misura e diede qualche consiglio.

- Ti suggerisco di ampliare i locali per farci stare dei mobili e bisogna alzare l'altezza. Per avere l'abitabilità i muri devono essere più alti. - Fece una breve pausa spostando leggermente il cappello in avanti per grattarsi la testa e proseguendo nella sua analisi aggiunse:

- L'attuale soletta di travi a vista la facciamo in muratura e, naturalmente vanno rifatte porte e finestre allargandole per fare aumentare la luce all'interno. Cosa ne dici Bepi? - Concluse.

- Sono dei buoni suggerimenti, metti nel preventivo quello che ritieni necessario. - Rispose papà in assenso alle osservazioni di Paolo.

Paolo redasse allora davanti a papà un preventivo informale su un foglietto di un block-notes, dove si reclamizzavano materiali edili.

Data l'esperienza, non ebbe bisogno di consultare

cataloghi o prendere contatto con fornitori per sapere il costo dei materiali, la sua memoria gli permetteva di ricordare quanto aveva speso di materiali e quanto tempo aveva impiegato per aver fatto lavori simili.

- Terminata la stesura, nel consegnarlo a papà volle ribadire quello che aveva espresso in precedenza: - Bepi non farmi però premura. -
Lo stesso prevedeva dei tempi di realizzazione che avrebbe comunque rispettato, lavorando in economia come gli era stato richiesto.
Papà esaminando quel preventivo tra sé meditò su come fosse dettagliato e non c'era altro da aggiungere prese del tempo per valutare l'Offerta.
Il preventivo suddivideva la ristrutturazione in quattro fasi di costruzione stimandone i tempi che corrispondevano alle rateizzazioni delle spese della ristrutturazione che avvenivano in corso d'opera ed erano nell'ordine:
Il primo anticipo per comprare i materiali; Il secondo anticipo per l'edificazione dei muri perimetrali fino al completamento del tetto con annesse divisorie interne, la predisposizione per gli infissi, impianti elettrici e idraulici; Un terzo anticipo per il completamento del primo piano che riguardava l'inserimento degli infissi, impianti elettrici, idraulici e pavimentazione;
A saldo dei lavori il completamento del piano terreno.
Devo fare quattro conti e poi ti dò una risposta. - Esordì papà congedandosi da Paolo.

Papà non chiese altri preventivi, Paolo era una persona di fiducia. Le condizioni economiche espresse in quel foglietto di block-notes erano sicuramente di favore e creato delle opportunità lavorative per gli abitanti di Corte, favorendone   favoriva la sua comunità.

Una volta tornato a casa, assieme alla mamma analizzarono l'offerta di Paolo.

- Elena con i soldi che abbiamo, al momento possiamo comprare solo il terreno, la sistemazione della casa non possiamo permettercela -. Disse deluso a sua moglie.

- Bepi prova a chiedere al Negri se ce li presta, dopotutto siamo rimasti in buoni rapporti, anche se non lavori più per lui. - Esordì la mamma.

- Non ci avevo pensato! Aspetta che cerco il numero di telefono…-.

Fu così che allora papà si mise in contatto con il suo ex datore di lavoro, fittavolo della cascina presso il quale aveva lavorato per vent'anni e ora per la chiusura dell'attività agricola, si era riciclato come albergatore   a   Ponte   Selva   nelle   montagne bergamasche della Val Seriana.

Il signor Ireneo aveva un debito di gratitudine con 'il Giuseppe', era l'unica persona in cascina che lo chiamava con il suo nome anagrafico, gli altri lo chiamavano: *Bepe* che era una variazione in milanese del nome veneto: *Bepi*.

Papà che parlava esclusivamente in veneto chiamò

al telefono il signor Ireneo accennandogli dell'opportunità di acquisto, sottolineando il modico prezzo richiesto, concludendo che gli mancava una parte di quei soldi ed aveva bisogno di un prestito e che a breve sarebbe stato in grado di restituirglieli.

- Giuseppe, non farti scappare quest'occasione!- Esordì il signor Ireneo nel suo dialetto pavese che utilizzava confidenzialmente con poche persone, il cui uso rafforzava le sue affermazioni e aggiunse:
- Domenica prossima vieni a trovarmi che ti stacco l'assegno, però devi venire con la famiglia, sei mio ospite. -

Papà il giorno della data concordata raggiunse quell'ameno luogo di montagna. Non ebbe bisogno di informazioni per raggiungerlo. Lì qualche anno prima lo aveva raggiunto con il trattore trasportando i pini che aveva piantumato con altre persone per valorizzare l'area attorno all'albergo.

Una volta parcheggiata la sua R6, prima di entrare nella hall dell'albergo, volle guardarsi in giro per riconoscere il suo lavoro. Si meravigliò della crescita di quelle piante che valorizzavano quell'area.

Gli ospiti di quell'albergo si sarebbero proprio rilassati nella loro permanenza in questo ambiente, dettaglio che non aveva potuto cogliere quando vi era stato l'ultima volta perché concentrato al lavoro da svolgere.

Entrato nella hall trovarono ad accoglierli la signora Angela, moglie del signor Ireneo, la quale mandò un dipendente a chiamare il marito in quel momento impegnato a verificare la lista della spesa appena fatta.

Dopo i consueti saluti il signor Negri li condusse a visitare l'albergo e la sua nuova abitazione.

Nell'occasione non trascurò di far loro vedere la casa indipendente ristrutturata che avrebbe ospitato la nostra famiglia qualora papà avesse scelto di seguirlo nella nuova attività dopo la chiusura dell'attività della cascina.

Il signor Ireneo aveva offerto a papà l'opportunità di continuare a lavorare alle sue dipendenze come custode tuttofare delle sue nuove proprietà bergamasche. L'offerta fu declinata perché la mamma non volle lasciare Milano.

La giornata si svolse egregiamente. Prima di lasciarsi, papà chiamato in disparte ricevette il sospirato assegno.

A voce avevano concordato come restituire quel debito e quando papà gli chiese quali interessi gli avrebbe dovuto dare, il signor Ireneo soprassedette, il contratto si concluse con una stretta di mano.

Tornato nel Veneto, papà si recò dall'Arciprete e fissarono la data del rogito.

Da lì a qualche tempo, finalmente proprietario di quei terreni, papà tornò da Paolo.

- Va bene il tuo preventivo, ti consegno l'anticipo come concordato.- Disse papà stringendo la mano a Paolo per suggellare quanto l'accettazione di quel preventivo scritto sulla carta di un block-notes.

Era così che allora e forse oggi in qualche remoto luogo si svolgevano e si svolgono i contratti tra gentiluomini.

Iniziarono i lavori e Bepi periodicamente andava a verificare lo stato in corso dei lavori.

Si arrivò dunque al tetto, si completò il primo piano e finalmente una parte della casa poteva essere abitata. Papà comprò dei mobili usati e con l'avvio della bella stagione, nei fine settimana papà tornava nel Veneto, passando il tempo a piantumare il giardino e provvedendo a far realizzare altri lavori secondari come la recinzione e il cancello d'ingresso.

Venne poi l'estate e la casa cominciò ad essere utilizzata durante le vacanze.

Passò del tempo prima che fosse completato il pianterreno.

I risparmi lentamente cominciarono ad affluire e di pari passo venivano completati i lavori pianificati.

Il tempo passava e papà era ormai prossimo alla pensione, gli mancavano due anni ed era sempre più stanco di quelle lunghe giornate di camionista che lo impegnavano per oltre dodici ore al giorno.

La fabbrica presso la quale lavorava, si era trasferita nella bassa bergamasca e questo accentuava il suo affaticamento. Oltre alle ore di lavoro gli era stato assegnato l'incarico di far da navetta con un pulmino aziendale tra la vecchia sede di Milano e la nuova sede per quei dipendenti che non avevano un mezzo proprio per raggiungere il nuovo posto di lavoro.

Quelle novità assieme al rinnovamento dei vertici aziendali che gli imponevano nuove regole alle quali faceva fatica ad adattarsi, lo rendevano sempre più nervoso e a conclusione dell'ennesima discussione con il nuovo direttore di stabilimento nella quale lo mandò a quel paese, licenziandosi due anni prima dell'età pensionabile.

Soddisfatto di quello che aveva fatto, si trasferì a Corte risorgendo a nuova vita.

Com'era stata trasformata ora la casa, l'odore della tempera aveva coperto quei vecchi odori che la memoria olfattiva riportava ai tempi di quando vi aveva abitato, e che ne richiamavano i ricordi. Ora gli sembrava di trovarsi in una casa estranea.

Erano scomparsi anche quei disegni di fiori su quei vecchi muri che avevano reso unica quella casa. Erano ora ricoperti da un'anonima tinteggiatura bianca che aveva cancellato assieme a quei fiori tanti ricordi.

La stabilitura aveva inoltre livellato quelle pareti che strati di vecchie pitture e intonaci scrostati dovuti a fioriture di salso dovuto dall'aria salmastra.

Laddove c'era la stalla è stata creata la cucina, il caminetto in sala era scomparso, come anche la cucina in muratura nel sottoscala di *barba* [zio] Vittorio, il fratello scapolo del padre.

Il tempo scorreva e contemporaneamente noi figli ci

eravamo fatti una propria famiglia. Periodicamente quando gli impegni di lavoro ce lo permettevano raggiugevamo i nostri genitori nel Veneto.

Cercavamo per quanto possibile di partire il venerdì sera dopo il lavoro per gustare al risveglio la campagna.

Era piacevole la sera quando si andava a dormire nel silenzio assoluto, rotto nelle sere d'estate da un'orchestra di grilli, cicale e rane in gara tra loro per chi avrebbe smesso per ultimo di cantare.

Il mattino il canto dei galli del vicinato si susseguivano uno con l'altro fino a spegnersi quando le galline cominciavano a scorrazzare per l'aia. Il silenzio assoluto dava modo di riconoscere il rumore al pian terreno della mamma che mattiniera, cominciava la sua giornata lavorativa trafficando con le pentole in cucina, senza l'accortezza di far poco rumore, anzi con l'intento di impedirci di continuare a dormire, bisognava alzarsi dal letto.

Non aveva perso quest'abitudine che aveva ancora di quando vivevamo in famiglia. Voleva che ci alzassimo presto anche quando non lavoravamo.

"Il mattino ha l'oro in bocca" ci diceva, e lei era fedele a questo principio. Per la mamma lo stare a dormire era sprecare tempo.

Poi a un certo orario si sentiva prima fievole il rumore del motore della Renault 6 di papà quando transitava davanti alla casa della Masiera e che progressivamente aumentava lentamente d'intensità fin quando entrando nel cortile, si spegneva.

Papà mattiniero era andato a Corte per comprare il pane da *Pitarèo* e ritirare il latte dai *Fanfiche* senza dimenticare di passare da *Mandoin* per le sue sigarette e dalla Bepina per un *bianchin* e ascoltare le ultime notizie di Corte ed una scorsa al *Gazzettino* e qualche commento su quella lettura con qualcuno degli avventori del bar.

Quel luogo che per noi figli era un'oasi dalla convulsa vita cittadina, era stato anche testimonio del passaggio della generazione dei *Polo* fin dai primi anni del 1800 quando il bisnonno Bepi vi si stabilì...

Figura 6 La casa dei Polo negli anni '70, appena ristrutturata

CORTE 1837

Era il 6 maggio del 1837 e alle porte di Corte vicino alla via Provinciale, strada che congiunge la frazione Corte a Piove di Sacco, nasceva Giuseppe detto Bepi nella casata dei *Giraldo,* soprannome a Corte della famiglia di Antonio.

Antonio aveva sposato Cecilia della casata dei *Boconcin.* Giuseppe è il primogenito, sopravvivrà a quel 45% di moria infantile di quel periodo. Contribuirà con gli altri due fratelli alla generazione di diversi abitanti di Corte e di Campolongo.

Due anni prima Ferdinando I era salito al trono dell'Impero austro-ungarico e aveva accordato l'amnistia ai prigionieri politici che erano stati condannati al carcere duro dello Spielberg, vietando però a loro di rientrare nel Lombardo-Veneto.

In tutta la penisola sono in corso da tempo quei fermenti rivoluzionari che porteranno all'Unità d'Italia.

Nel 1835 era scoppiato il colera che si protrasse fino agli inizi del 1838.

A marzo dello stesso anno l'imperatore Ferdinando I rende operativo il progetto che prevede la costruzione della linea ferroviaria Milano-Venezia e stipula un contratto con la società cui è affidata l'impresa.

CENEDA ANNO 1849

Ceneda è un antico comune di origine celtica a ridosso delle Prealpi Venete nella provincia di Treviso del Regno Lombardo-Veneto, stato indipendente dell'Impero austriaco, al confine della provincia di Belluno, dove transita la Strada Alemagna, via di comunicazione che raggiunge l'Austria.

In epoca romana fu una fortificazione con il compito di appoggiare il *Castrum* di Serravalle , fortificazione militare di un unità dell'esercito romano per la difesa di Oderzo. Con la caduta dell'impero romano divenne un importante ducato Longobardo.

Nel XVI secolo ebbe anche una fiorente comunità ebraica.

Luigi

In questa città viveva Luigi detto Gigio, di professione carrettiere. La sua famiglia da generazioni si tramandava quel lavoro di condurre carri, trasportando merci in quelle aree che erano state i confini di quel multietnico Impero Austriaco al quale facevano parte paesi mitteleuropei, della penisola balcanica e sud-europei quali il Regno Lombardo-Veneto.

Il contatto con altre popolazioni consentiva loro una visione degli avvenimenti politici non usuale dalla normale popolazione stanziale.

Nella loro veste di viaggiatori erano in grado di valutare la veridicità di quanto riportato dai giornali su avvenimenti nei luoghi che percorrevano.

Le notizie erano spesso artefatte e lo potevano affermare con le loro testimonianze dirette o, talvolta con informazioni certe, a loro riportate da fonti attendibili quali altri carrettieri con i quali si scambiavano informazioni nei luoghi di posta.

Talvolta invece erano taciute o riportate in un in un secondo tempo.

Come carrettieri avevano imparato a difendersi, quando nei loro spostamenti trovavano nella loro strada briganti, balordi senza meta o bande armate in disfatta.

Impararono a organizzarsi per difendersi da queste 'consuetudini' e si organizzarono a viaggiare non più soli, ma in carovana.

Nelle loro peregrinazioni si scambiavano informazioni su sicure stazioni di posta, nominativi di persone di riferimento che avrebbero facilitato i loro spostamenti nei luoghi che attraversavano, percorsi da evitare o dove transitarvi in modo più accorto per non incorrere su cattivi incontri.

Nella sua famiglia ciascuno di loro aveva sviluppato delle conoscenze su alcune tratte che si diramavano da Vittorio Veneto.

Luigi si sposta preferibilmente nel basso Veneto, tra le province di Padova e Venezia.

Trasporta merci di commercianti dalla vivace cittadina di Ceneda e, seguendo un tratto del corso del Brenta si ritrovò a Corte.

Corte è una frazione di Piove di Sacco, cittadina anch'essa molto dedita ai commerci, movimentata come lo era Ceneda. Ogni sabato si tiene un ricco mercato agricolo con la fiera del bestiame che attira contadini dalle province di Venezia e Rovigo, dove si smercia di tutto.

Nella trevigiana Ceneda invece si producono zappe, badili e altri utensili di lavorazione in ferro per l'agricoltura, inoltre ad attrezzi di lavorazione in legno e tessuti.

I TONADA

Le scarse risorse economiche, con tante bocche da sfamare in quegli anni nei quali vi erano quelle grandi famiglie numerose avevano ristretto le possibilità di guadagnarsi da vivere.

Ceneda era diventata stretta per Luigi, preferì lasciare spazio ai suoi fratelli che avevano una famiglia più numerosa della sua. Deciderà quindi con la moglie Lucia Visentin di lasciare il loro paese per traferirsi nel padovano: a Corte di Piove di Sacco.

Nelle sue peregrinazioni di carrettiere vi era passato spesso e gli era piaciuto. Il clima era meno freddo del suo paese di origine e aveva intravisto la possibilità di continuare a fare il suo lavoro.

Caricò sul suo carro le proprie masserizie dirigendosi alla nuova destinazione.

Era un giorno di Aprile del 1849 ed era appena terminata nel marzo dello stesso anno la prima guerra d'Indipendenza, iniziata un anno prima.

Ancor prima dello scoppio della guerra, il 18 marzo 1848, Milano era insorta contro l'Impero Austriaco con le Cinque Giornate e il 22 marzo i veneziani cacciarono gli austriaci proclamando la Repubblica di San Marco, richiamando nel nome l'antica Serenissima, scomparsa mezzo secolo prima.

Il 23 marzo 1848 questi avvenimenti preoccuparono Carlo Alberto, aveva timore che quelle insurrezioni si trasformassero in una proclamazione di una repubblica di Lombardia, innescando quelle rivoluzioni che avrebbero potuto mettere in grave pericolo il suo trono. Decise allora di dichiarare guerra all'Austria per occupare quei territori insorti, mettendosi a capo di una coalizione di Stati italiani, era così iniziata la prima guerra d'Indipendenza.

La guerra si concluse nel marzo del 1849 con la sconfitta dei Savoia a Novara, cui seguì l'abdicazione di Carlo Alberto in favore del figlio Vittorio Emanuele II.

Il 24 agosto del 1849 Venezia assediata dagli austriaci cade, sarà la fine della Repubblica di San Marco.

Luigi viveva in quei territori sconvolti dalla guerra che per questo obbligava le popolazioni che vi risiedevano a migrazioni interne.

Quelle guerre portarono il Veneto all'annessione con l'Italia il 27 Ottobre del 1866 dopo travagliate vicende storiche.

Questi avvenimenti porteranno Ceneda e Serravalle ad unirsi formando il 22 novembre 1866 la città trevisana di Vittorio. Dopo la Grande Guerra il nome verrà completato in Vittorio Veneto.

Luigi si stabilisce a Corte nella via Villa che converge alla piazza principale del paese dove sorge la chiesa di San Tommaso Apostolo. Lì la sua famiglia venne soprannominata *Tonada*.

Il loro cognome originariamente Piccin varierà anche in Pecin o Picin a causa degli errori dell'anagrafe.

Divennero vane le richieste di rettifiche per superare il muro della burocrazia, reso ancora più difficile a causa dei costi che questo comportava a chi ne faceva richiesta, era necessario dover pagare carte da bollo e avvocati. Si soprassedette e quegli errori rimasero a dividere quel cognome in tre diversi cognomi nelle generazioni successive.

Il 18 agosto del 1851 nella loro famiglia nascerà Virginio.

CORTE VIA RIGHE ANNO 1866

I Polo.

Il Rio è il canale che scorre lento e silenzioso e confina tra le famiglie dei *Girolo* e quella dei *Polo,* soprannomi di due famiglie di Corte. Nel suo lento movimento produce uno specchio d'acqua che riflette quanto vi si trova attorno: dal pallido cielo all'erba delle sue sponde. Il suo riflesso viene da tanto in tanto interrotto da qualche scardola che salta fuori dall'acqua per afferrare qualche insetto, mettendo così in mostra i suoi colori madreperlacei. La vita sotto quello specchio d'acqua è testimoniata da gruppi di bolle d'aria che qua e là si spostano, segno che lì sotto qualche pesce gatto sta sfruculiando il fondo alla ricerca di qualcosa di commestibile.

Questo canale da sempre si è prestato a molteplici utilizzi oltre a quello ufficiale di irrigazione, a quello di refrigerio nelle umide afose giornate estive o quale pista di pattinaggio nei rigidi inverni, fino a divenire modesta risorsa di cibo, dove vi si pesca principalmente: pesci-gatto e lucci, chiamati più propriamente *sengarini*. La pesca poi riserva anche la cattura di scardole, queste ultime pescate a beneficio delle galline perché poco gradite a tavola perché ricche di spine.

I *Polo* avevano un'ara nella loro abitazione, dove far seccare le sementi davanti al Rio, laddove per la sua posizione a sud si poteva beneficiare di maggiore esposizione di luce solare.

La loro famiglia era affittuaria di quei campi con un contratto di *Livello* da diverse generazioni e loro come *livellari*, ricambiavano la Curia proprietaria dei campi pagando un corrispettivo canone.

Il capofamiglia era Sante e assieme a sua moglie Maria che proveniva dalla casata dei *Panizzoli*, avevano generato una nidiata di figli, tra i quali una figlia di nome Regina.

Regina era una giovane graziosa ragazza di ventuno anni, nata il 5 febbraio del 1845 e come tutta la famiglia s'impegnava ad aiutare la mamma nelle faccende domestiche, alla coltivazione dei campi e all'allevamento degli animali da cortile.

I *Polo* vivevano nella contrada di Righe, abitavano in un *Cason*, una povera abitazione contadina, un tipo di costruzione arcaica tipico della laguna veneta, costruito con pietre crude (argilla seccata al sole), impasti di terra e sterco addizionati di calce viva, con il tetto di canne palustri e paglia.

Nel sottotetto delle aperture garantivano un'aerazione al suo interno, dove veniva conservato il foraggio per gli animali.

Con questo sistema di costruzione si creava all'interno dell'abitazione un microclima che non permetteva la dispersione del calore d'inverno e consentiva frescura d'estate. Queste proprietà erano anche ideali per conservare generi alimentari.

Al suo interno oltre alle aree abitative vi era anche la stalla con una mucca che aiutava nelle rigide giornate invernali a riscaldare l'ambiente.

Poco distanti dal *Cason* c'era la porcilaia e il pollaio.

Nell'aia a sud un ampio pergolato di viti con uve da tavola e da vino, fornivano una piacevole ombrosa frescura nella torrida afosa stagione estiva.

E tutt'intorno vi erano alberi da frutta che producevano un'abbondanza di mele, pere, ciliegie, prugne e *perseghe,* cosi chiamate le pesche che il dialetto veneto ne richiama meglio il suo antico nome che era: *'mela persica'.*

Figura 7 Cason veneto.

Le giornate di Regina scorrevano al ritmo delle stagioni e del lavoro nei campi, momenti di vita sociale erano rappresentati dalla presenza in chiesa la domenica per la messa e la sera quando la stanchezza non aveva il sopravvento, si andava a fare *filò* dai vicini nella contrada di Righe.

Nel Veneto i *filò* si tenevano d'inverno nelle stalle, dove la gente della contrada si ritrovava la sera per filare, aggiustare attrezzi, scambiarsi opinioni e, quando c'era, bere un buon bicchiere di vino in compagnia.
Questo tipo di socializzazione tra la gente di campagna costituiva un importante momento di aggregazione, al quale partecipavano anche persone disposte a percorrere qualche chilometro pur di raggiungere la stalla prescelta per questo rituale.

Regina, durante le sue giornate del suo lavoro di aiuto alla famiglia, vedeva spesso al lavoro nei campi Bepi della casata dei *Girolo*, era il primogenito di Antonio, di statura imponente: era alto un metro e ottanta, una statura straordinaria se si considera che l'altezza media degli italiani misurati durante la visita di leva nel Veneto era in quell'anno di un metro e sessantatré centimetri.
Bepi aveva allora ventinove anni e a Corte si

meravigliavano che non avesse ancora preso moglie. Aveva conosciuto diverse ragazze ma non aveva trovato quella ideale.

Nella contrada di Righe si conoscevano tutti e si aiutavano a vicenda.

Quel giorno era un'uggiosa giornata invernale, Regina era preoccupata perché la vacca stava per partorire. Muggiva in modo insolito, il suo lamento segnalava che fosse in difficoltà, in quel momento in casa non c'erano uomini disponibili, bisognava fare presto. Era indispensabile l'aiuto di un uomo che favorisse l'animale a far partorire correttamente il vitello. La nebbia impediva la visione dell'altra sponda del Rio, dove poco prima aveva visto Bepi intento a spandere il letame.

- Bepi. -. Esordì Regina diverse volte fin quando egli intento ad altri lavori nella campagna si accorse che lo stavano chiamando, riconobbe la voce di Regina la figlia dei *Polo*.

- Sono qui.- Disse avvicinandosi all'argine del canale per rendersi visibile.

- C'è la mucca che ha difficoltà a partorire, ci potresti aiutare? -

- Vengo subito. - Raggiunse il piccolo pontile dov'era ancorata la sua barchetta, tolse l'ancoraggio e spingendo la barca con una lunga pertica, raggiunse subito il pontile dell'altra sponda, distante solo qualche metro, mettendosi subito a disposizione.

Corse in stalla e vide la difficoltà della mucca che

non riusciva ad espellere il vitello. Forte della sua esperienza contadina si accorse che il vitello era in posizione podale, bisognava fare presto altrimenti sarebbe affogato, riuscì ad afferrare le zampe del vitello legandole a una corda dove dall'altro lato aveva ancorato un bastone al quale potersi aggrappare per tirarlo fuori. Nel frattempo erano arrivati altri uomini del vicinato e assieme riuscirono dopo diversi sforzi a far uscire un sano vitellino.

Non era la prima volta che gli era richiesto aiuto per qualche lavoro pesante e lui non si tirava indietro, il mutuo soccorso era doveroso, soprattutto se gli veniva richiesto da questa graziosa ragazza, della quale finora lui non si era accorto.

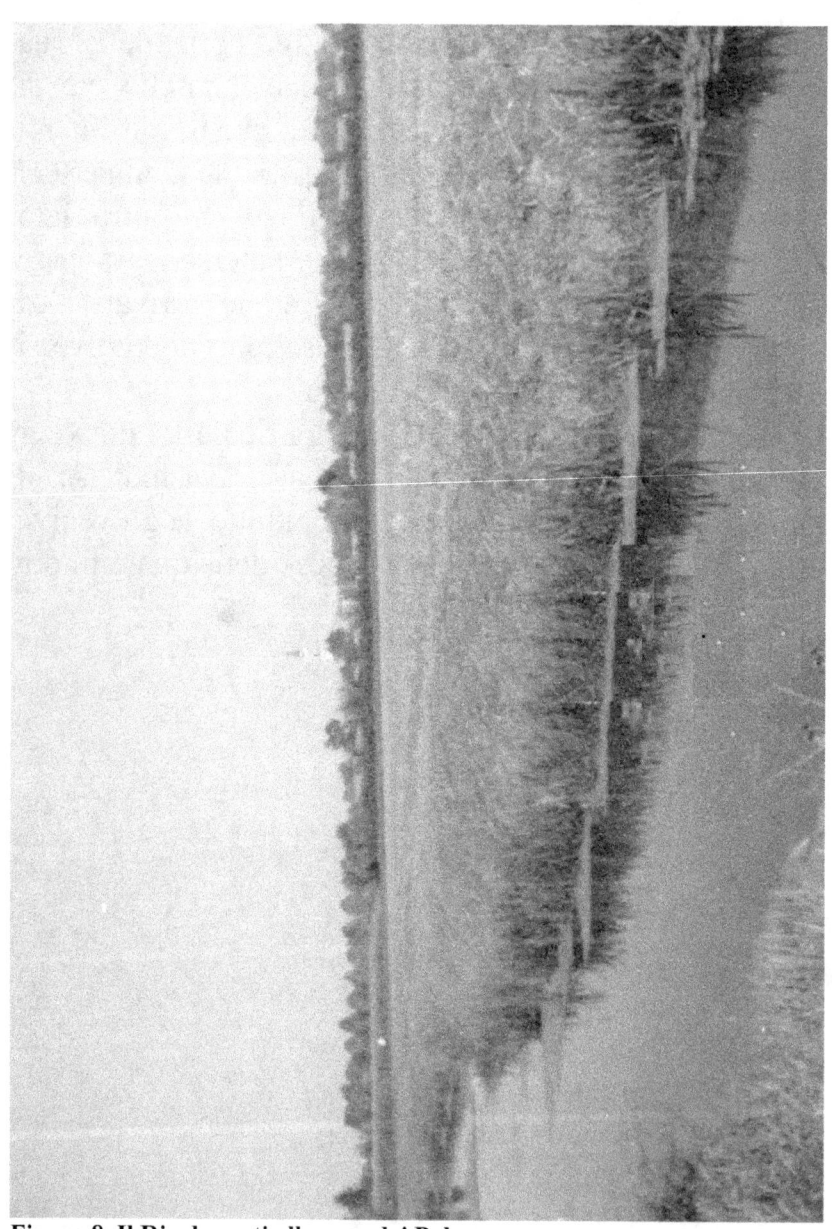

Figura 8 Il Rio davanti alla casa dei Polo.

L'ANNESSIONE DEL VENETO ALL'ITALIA

Quel 1866 era stato fatidico per il Veneto, i rapporti tra le potenze in Europa, dettati da equilibri instabili, avevano portano gli stati ad allearsi tra loro per difendersi da nemici comuni.

A marzo i rapporti tra Austria e Prussia divennero sempre più tesi. In virtù di questo in aprile, la Prussia si alleerà con l'Italia, in caso di vittoria congiunta sugli Austriaci, l'Italia avrebbe ricevuto il Veneto.

Il 5 maggio l'Austria chiese alla Francia di fare da mediatore con l'Italia offrendole il Veneto perché l'Italia rompesse il trattato con la Prussia.

L'Italia rifiutò e alzò la posta chiedendo anche il Trentino e il Goriziano e dichiarandosi disponibile a partecipare a un congresso europeo con Inghilterra, Francia e Russia per le vertenze Italo-austro-prussiane.

Il 12 maggio si svolse il congresso europeo previsto,

l'Austria si rifiutò di partecipare, aveva posto una condizione non accettata: chiedeva che nessuno degli stati partecipanti lo utilizzasse per garantirsi ingrandimenti territoriali.

Lo stesso giorno l'Austria firmò un trattato con la Francia affinché rimanga neutrale al conflitto, ottenendo come compenso il Veneto che gli austriaci avrebbero ceduto all'Italia tramite la Francia, in cambio del riconoscimento alla sovranità del pontefice e ad impegnarsi per far sì che l'Italia *'Non si battesse con troppo vigore'*.

Il 16 giugno la Prussia dichiarò guerra all'Austria e passa la frontiera, invadendo l'Austria. Questa guerra austro-prussiana divenne nota all'Italia come la terza guerra d'Indipendenza.

Il trattato italo-prussiano prevedeva che quello stesso giorno gli italiani dichiarassero anch'essi la guerra allo stesso nemico. Vittorio Emanuele II fece di testa sua e presentò la dichiarazione di guerra all'Austria quattro giorni dopo.

Era stato previsto un piano strategico che in contemporanea dei prussiani dovessero muoversi anche gli italiani.

Il comando Prussiano è allarmato del ritardo e comunica al comando italiano come dovranno avvenire le manovre.

Vittorio Emanuele ricevendo la missiva dice a chi gliela consegnò:

"Non stia a rispondere, delle operazioni militari

rispondo io, non ho bisogno che i diplomatici tedeschi m'insegnino a fare la guerra."-

Lui è un personaggio particolare, e probabilmente conosce poco anche l'italiano, per questo motivo quando il 7 novembre 1860 fece il suo ingresso ufficiale a Napoli, si presentò al popolo parlando in francese, lingua utilizzata dai nobili. Per questo venne fischiato dalla piazza. Non ama discorsi impegnativi parla spesso delle sue venti ferite di caccia e di donne.

Il Re com'era il suo ruolo, aveva assunto il Comando Supremo del regio esercito.

La Marmora, Cialdini e Dalla Rocca i suoi tre Generali sono solo abituati a comandare e poco a ubbidire, non si coordinano tra loro, di scarsa disciplina non lo aiutano.

Ammette di non essere in grado di coordinarli, assumerà il Generale Petitti come Capo di Stato Maggiore per pianificare, coordinare e controllare le operazioni militari d'accordo con i tre generali Comandanti dei corpi d'Armata.

Visto come un '*quarto incomodo*' dai loro colleghi, fanno pressione al Comandante Supremo, convincendolo a rinunciare a questo Generale, e persuadendolo a farsi affiancare da uno di loro: il generale La Marmora.

La Marmora dopo aver discusso e approvato il piano di guerra assieme allo Stato Maggiore e al re, anziché sottoporlo all'esecuzione, si mette a discuterlo con Cialdini comandante di una delle due Armate.

I risultati di questa cattiva organizzazione non tardano a venire.

Il 24 giugno dopo quattro giorni dall'entrata in guerra, nella battaglia di Custoza l'esercito Piemontese è sconfitto.

Il 3 Luglio l'esercito Prussiano decideva le sorti della guerra sconfiggendo in Boemia l'Austria.

Il giorno dopo l'Austria chiederà alla Francia di fare da mediatore con l'Italia per far cessare le ostilità, concedendole il Veneto come tra loro concordato.

Il 5 Luglio, giorno nel quale l'Italia doveva sferrare l'offensiva, il re richiama invece i generali al Quartier Generale. Era giunto da Parigi un telegramma nel quale Napoleone III comunicava a Vittorio Emanuele che Francesco Giuseppe imperatore d'Austria aveva ceduto a lui il Veneto.

Lo stesso mittente si dichiarava disposto ad accettare la sua mediazione per il ristabilimento della pace e chiedeva a Vittorio Emanuele di *"Acconsentire a un armistizio, potendo l'Italia raggiungere onorevolmente la meta delle sue aspirazioni attraverso un compromesso con la Francia su cui sarebbe stato facile intendersi."*

Questa notizia turbò il suo Stato Maggiore. Tra l'altro i francesi avevano reso pubblica questa comunicazione a un quotidiano dell'epoca.

Vittorio Emanuele era tentennante a prendere una decisione. I francesi sollecitavano una risposta.

Il 6 luglio rispondeva che *"Accettava la mediazione*

e l'armistizio di dieci giorni."
Aveva così disonorato l'impegno preso con la Prussia.

Il 9 Luglio faceva sapere invece all'alleato Prussiano che non avrebbe accettato l'armistizio.

Nel frattempo però continuarono le ostilità tra Italia e Austria.

L'esercito piemontese cercava una rivincita, forte era stato lo smacco della battaglia di Custoza. Voleva arrivare al tavolo delle trattative con una vittoria.

Il 14 Luglio l'Italia sottovalutando il nemico muove la progettata *Battaglia Navale* invadendo l'isola di Lissa, una base navale fortificata dell'Impero Austro-Ungarico nella Dalmazia.

Il 20 Luglio, verrà nuovamente sconfitta dall'Austria.

Le cause saranno simili a quelle della battaglia di Custoza: mancanza di coordinamento tra gli ufficiali e scarsa preparazione degli stati maggiori.

Gli Ufficiali e gli equipaggi della Regia Marina erano eterogenei, provenivano dalla unificazione di marine differenti ed essendo ancora molto in uso i dialetti regionali avevano difficoltà a comprendersi tra loro e vi era rivalità tra loro, marcate dal fatto che nella scelta degli ufficiali vennero privilegiati quelli sardo-piemontesi e non quelli più meritevoli.

Il 21 Luglio senza informare il governo italiano, Austria e Prussia firmano un armistizio e iniziano i preliminari di pace. Non si discute di concessioni all'Italia ma si informerà il suo governo a cose fatte.

L'Italia nei giorni successivi chiede di trattare le condizioni ma l'Austria le respinge.

Il 9 Agosto La Marmora ordina a Garibaldi di sgomberare il Trentino che era stato conquistato dall'Italia. Garibaldi rispose laconicamente con *"Obbedisco"* all'ordine ricevuto.

Il 2 Agosto, come previsto, il generale Petitti firma un armistizio di quattro settimane secondo gli ordini di La Marmora.

Il 24 Agosto venne firmata la convenzione tra Francia e Austria per la cessione del regno Lombardo-Veneto alla Francia, senza ovviamente la presenza degli italiani.

Nella convenzione si preciserà che la cessione avverrà assieme ai debiti concernenti il possesso del suo territorio.

Il 3 Ottobre è firmata a Vienna la pace tra l'Italia e l'Austria e il Veneto verrà ceduto alla Francia che lo avrebbe poi trasferito all'Italia, richiamando la convenzione del 24 Agosto con la clausola *"Sotto riserva del consenso delle popolazioni debitamente consultate."*

Il 21 Ottobre si svolse un plebiscito popolare per sancire l'unione al Regno d'Italia.

La segretezza del voto è disattesa, sono consegnati a ogni elettore due *'viglietti'*, di colore diverso secondo la scelta di voto. Alla riconsegna davanti ai membri del seggio elettorale dopo aver declinato proprio nome e cognome inseriva la propria scelta nell'urna del *'SI'* o in quella del *'NO'*, rendendo anche inutile lo spoglio. Nel protocollo verranno anche registrati i nomi di chi votò *'NO'*.

Votò il 25 % della popolazione, dove prevalse il *'SI'* all'unanimità dei votanti.

Fu definito il plebiscito truffa.

Va comunque ricordato che a quell'epoca il 65% dei veneti era analfabeta, così come aveva rilevato il censimento del 1871.

Come previsto dagli accordi, l'Italia doveva rimborsare agli austriaci, i debiti contratti dal Regno Lombardo Veneto.

I rimborsi all'Austria non uscirono delle finanze piemontesi ma da altre tasse sul Veneto, senza concedere aiuti per incrementare l'economia agricola e industriale e nemmeno aiutare con la concessione di commesse all'economia allora legata all'Austria, mandando in pochi anni in decadenza l'intera regione.

Nelle priorità del governo piemontese vi era invece la volontà di voler fare della Nazione una potenza coloniale, dirottando di conseguenza risorse economiche in quell'avventura.

Nel 1869 appena tre anni dopo l'annessione del Veneto, con la concomitante apertura in quell'anno del canale di Suez gli italiani si lanciarono per acquisire possedimenti in Africa.

Da quell'annessione all'Italia al 1900 emigreranno 1.685.000 Veneti in forza lavoro.

CORTE VIA RIGHE ANNO 1868

Il tempo scorreva e l'aiuto di Bepi era richiesto più spesso da Regina, trovava sempre una scusa per avere il piacere di incontrarlo e lui era felice di rendersi disponibile. Era nata un'amicizia che si trasformerà in amore.

Bepi chiese allora alla famiglia della ragazza il permesso per fidanzarsi.

La richiesta fu accolta e il 23 novembre del 1868 si sposarono. Bepi aveva trentun anni e Regina ne aveva ventitré.

Bepi si stabilì dai *Polo, 'andando a far da capean'*, era così che sarcasticamente si definiva l'uomo che sposandosi anziché portare la moglie nella propria casa paterna, com'era di consuetudine, andava a fare il 'cappellano' nella casa della famiglia della moglie dove si aggregava a una famiglia preesistente già retta da un altro capofamiglia.

L'aggregazione a un'altra famiglia portava il nuovo venuto ad assumere il soprannome della famiglia ospitante che in questo caso era la famiglia dei *Polo* e *Bepi Girolo*, divenne *Bepi Polo*.

CORTE VIA VILLA

Virginio

Virginio figlio di Luigi, ben presto imparò anch'esso a condurre carri come il padre. Nelle sue peregrinazioni conobbe anche un altro carrettiere di Corte, era più giovane di lui, era nato il 20 maggio del 1865, figlio di Prosdocimo e di Anna del casato degli *Olivetto*. Con lui spesso aveva viaggiato in carovana e ne divenne amico, si chiamava Felice all'anagrafe, ma in dialetto era *Cice*.

A Corte la sua famiglia era dei *Boccolo* e sua moglie Maria Teresa proveniva dalla della famiglia dei *Mondo*.

Nel 1884 in via Villa Virginio si sposava e il 13 gennaio 1886 nascerà Luigi che porterà il nome del nonno. Nascerà poi Cesare nel 1879 e in seguito Ottorino.

Il 29 aprile del 1888 nascerà Primo, all'anagrafe Vittorio in memoria del loro paese di origine o forse per prendere un premio dallo stato che premiava le famiglie che battezzavano i loro figli con i nomi dei regnanti.

Figura 9 *Cice Boccolo* assieme a un nipote nei primi anni 50.

Figura 10 Maria Teresa dei *Mondo* moglie di Cice con la nipote Elena anno 1951

CORTE VIA RIGHE ANNO 1882

L'8 aprile 1882 In via Righe nella casata dei *Polo* nella famiglia di Bepi e Regina *Polo* nasce Piero, all'anagrafe Sante Pietro, erano già nati Maria nel 1871, Domenica nel 1873, Antonio nel 1876 e in seguito nel 1885 nascerà Vittorio. I figli di questa unione diventeranno dei *Polo*.

L'annessione all'Italia aveva di fatto dato un duro colpo all'economia del territorio che era legata all'Impero Austro-ungarico che per soddisfare le richieste di prodotti dell'Impero dava lavoro a lanifici, cotonifici, industrie della seta e cantieri navali. La conseguenza della riduzione dei commerci si riversò anche sul lavoro dei carrettieri.

La ristrettezza di vedute dei Savoia non riusciva ad interpretare le priorità della maggior parte della popolazione ma solo gli interessi delle classi dominanti. Nel 1885 il parlamento decide di dirottare altre risorse del Regno nelle avventure coloniali in Africa per sostenere le occupazioni territoriali, iniziate nel 1869.

La maggioranza degli italiani viveva ancora di stenti ed era forte l'analfabetismo.

Il censimento del 1871 vedeva in Italia il 68.8 % della popolazione analfabeta.

LA CRISI ECONOMICA DI FINE '800

Il 29 Luglio del 1900 verrà assassinato a Monza il re Umberto I, succeduto alla morte del padre Vittorio Emanuele II avvenuta il 9 gennaio 1878.

Non gli era stato perdonato di aver fatto sparare sulla folla che nel 1898 manifestava a Milano per l'aumento del prezzo del pane.

Aveva avuto poi la sfrontatezza di premiare i soldati che materialmente svolsero l'eccidio assieme al Generale Bava Beccaris che li comandava.

Gli succederà il piccolo re: Vittorio Emanuele III.

Corte via Villa anno1902

Nel 1902 la carestia spinse Virginio a emigrare in Germania con Primo che aveva allora quattordici anni, lì Primo imparò il mestiere di calzolaio.

In Germania iniziarono a frequentare circoli socialisti.

Vi rimasero fino al 1914 anno nel quale la Germania entrò in guerra.

Tornati in Italia, si iscrissero al Partito Socialista Italiano, che era nato nel 1895.

LA FAMIGLIA DI BEPI POLO

Corte via Righe

Tra i figli di Bepi *Polo* qualcuno si distinse per i loro impegni nella comunità del paese.

Piero diventerà maestro muratore nel genio civile. La sua opera divenne utile per arginare le piene del Brenta e presterà anche la sua opera gratuitamente in favore della comunità.

Angelo di professione stradino più conosciuto che per il suo lavoro, lo era per la sua capacità innata di dirimere controversie che sorgevano tra le persone e che talvolta degeneravano in risse.

Riusciva a rimuovere quelle cause che impedivano la normale convivenza.

Ascoltava separatamente le due parti, riuscendo a trovare quale era stato l'innesco al dissidio al quale poi se ne erano intrecciati altri. Riusciva a far riflettere ognuno per la sua parte una motivazione per fare un passo indietro.

Riusciva per questo a rimanere neutrale, anche se

talvolta gli intrecci familiari o di amicizia lo avrebbero potuto avvicinare a una delle due parti contendenti.

Vittorio era invece un mediatore, il suo occhio clinico gli permetteva di valutare una merce o un animale con un errore di scarto minimo per consentirgli di acquistare e rivendere con un onesto margine di guadagno. Non sfruttava l'occasione di acquistare ad un basso prezzo da chi era costretto a vendere dal bisogno per onorare un debito o per aver subito una disgrazia.

Domenica emigrerà in Brasile nei primi anni del 1900.

Le esigenze familiari aumentarono per la nascita di due nuove famiglie: quella di Piero e quella di Angelo. Per soddisfare queste esigenze sorgeranno altri due Casoni.

Piero all'età di venticinque anni sposa il 30 novembre 1907 Elisa di ventun anni figlia di Giacomo della casata dei *Crauso* e di Teresa originaria della casata dei *Main*.

Nello stesso anno è chiamato alla costruzione della nuova chiesa di Rosara, frazione di Codevigo confinante con Corte.

L'8 novembre 1908 nascerà la sua prima figlia

Maria, due anni dopo a tre giorni dalla nascita del secondogenito Ferruccio avvenuta il 7 gennaio 1910, la moglie Elisa morirà di parto, aveva ventitré anni.

Il 27 ottobre del 1913 si risposerà con Ester, la cugina della prima moglie, anche lei della casata dei *Crauso* è figlia di Piero *Crauso* e Maria della casata dei *Manate* ed era nata il 7 settembre 1887 ed aveva 25 anni, lui ne aveva trentuno.

Da questo matrimonio nasceranno Ferruccio Giuseppe nel 1914, Elisa nel 1916, Genoveffa nel 1919, Giuseppe nel 1921 e Giovanni nel 1923.

Figura 11 Ester *Crauso* seconda moglie di Piero *Polo*

IL 1914

Le famiglie di Virginio e Cice continuarono a frequentarsi. Primo il figlio di Virginio, tornato dalla Germania, si accorse che Emma la figlia di Cice era diventata una graziosa ragazza. Quando era emigrato, era poco più di una ragazzina, ora aveva sedici anni ed era il 1914, iniziò allora a farle la corte e con il permesso dei genitori si fidanzarono.

Scoppia la Grande Guerra

Nello stesso anno scoppiò la prima guerra mondiale, il pretesto fu l'assassinio a Sarajevo dell'Arciduca ed erede al trono Austriaco Francesco Ferdinando e della moglie.

L'Austria decise arbitrariamente che la Serbia fosse

responsabile dell'attentato perché essa dava rifugio agli indipendentisti slavi che volevano staccarsi dall'Impero austro-ungarico. Le dette un ultimatum concretamente irrealizzabile .

Le cause invece furono molteplici: l'Austria voleva così fermare altri numerosi moti rivoluzionari e sovversivi della penisola balcanica, perché il suo impero andava disgregandosi.

La Gran Bretagna temeva l'espansionismo tedesco del secondo Reich che minava il suo predominio coloniale e ne temeva la volontà di formare un grande stato formato da tutte le nazioni di lingua tedesca.

La Francia voleva riprendersi l'Alsazia e la Lorena che avevano perso con la guerra di Sedan.

La dichiarazione di guerra dell'Austria alla Serbia coinvolse poi le altre nazioni che al momento del conflitto erano alleate della Serbia e intervennero in suo aiuto. Erano le nazioni che avevano aderito alla Triplice Intesa.

Allo scoppio della guerra esistevano delle alleanze che erano:
La Triplice Alleanza e la Triplice Intesa.

La Triplice Alleanza era costituita da Impero Austro-Ungarico, Impero Germanico e Regno d'Italia.

La Triplice Intesa era invece costituita da Impero Britannico, Terza Repubblica Francese e Impero russo

L'Italia che aveva aderito alla Triplice Alleanza

rimase però neutrale dal conflitto, il patto che aveva sottoscritto con i suoi alleati prevedeva un reciproco aiuto in caso di aggressione, era un patto di valenza puramente difensiva, mentre l'Austria aveva fatto un'aggressione e quindi l'Italia non si ritenne obbligata a schierarsi.

La Triplice Intesa intervenne in difesa della Serbia, nello stesso anno entra come alleato il Giappone.

Alla Triplice Alleanza aderirono poi anche il Montenegro, l'Impero Ottomano e la Bulgaria.

In questo primo anno di conflitto con un intreccio di dichiarazioni di guerra tra i contendenti delle due alleanze, saranno coinvolte nel conflitto: Impero Germanico, Francia, Belgio, Gran Bretagna, Montenegro, Impero Russo, Giappone e Impero Ottomano.

Il 1915 L'ENTRATA IN GUERRA DELL'ITALIA

L'Italia rivendicava dall'Impero Austro-Ungarico i territori della Venezia Giulia, dell'Istria e della Dalmazia ed era convinta che l'Austria fosse in grado di concederli con trattative diplomatiche.

Allo scoppio della guerra gli italiani erano divisi tra *Neutralisti* ed *Interventisti*.

All'interno di ogni gruppo, ciascuno di questi sosteneva ragioni diverse per giustificarne la propria scelta.

Nel gruppo dei *Neutralisti* che si opponevano alla guerra, i socialisti, ritenevano che la stessa fosse desiderata dalle grandi potenze europee imperialiste e capitaliste, mentre i cattolici seguivano l'orientamento dato dal pontefice che si schierò contro la guerra stessa.

I giolittiani invece sostenevano che l'Italia non fosse preparata a sostenere una guerra che avrebbe potuto durare molto tempo e avrebbe richiesto numerose risorse economiche e militari.

Gli *Interventisti* e i *Nazionalisti* sostenevano la necessità di entrare nel conflitto per riavere i territori di Trento e Trieste.

I *Liberali conservatori* intravedevano nell'entrata in guerra l'opportunità di dare al Parlamento poteri straordinari tali da far finire per sempre le riforme giolittiane.

I *Socialisti riformisti*, ritenevano che dalla guerra sarebbe scaturita una rivoluzione sociale, posizione sulla quale si schierò Mussolini, abbandonando la posizione socialista, contraria alla guerra.

I Savoia volevano far acquistare all'Italia lo status di grande potenza.

Gli industriali sostenevano la guerra per i vantaggi economici dei quali avrebbero beneficiato dai profitti dell'industria bellica.

Il ristretto gruppo degli *Interventisti*, forti dell'avallo del potere economico, promosse una campagna di stampa a favore dell'entrata in guerra.

Fecero presa sul popolo i discorsi infuocati dei nazionalisti favorevoli alla guerra, tra i quali si possono ricordare quelli di Gabriele D'Annunzio.

Primo *Tonada* e suo padre erano neutralisti, loro come gli altri Italiani, erano consapevoli di cosa comportassero le guerre.

Virginio con i suoi spostamenti aveva visto i danni che le guerre provocavano ai civili: case distrutte, coltivazioni devastate, riserve alimentari svuotate e beni *'sequestrati'* dai soldati che vi transitavano, lasciando popolazioni ridotte alla fame.

Nel 1915 l'Italia firma un piano segreto, dove s'impegna ad allearsi con Francia e Inghilterra.

Sottovalutandone i costi, entra in guerra contro lo schieramento con il quale doveva essere alleata.

L'Italia dichiarerà guerra al Regno Austro-Ungarico.

In quell'anno Primo *Tonada* e Piero *Polo* come tutti gli Italiani vennero richiamati in guerra.

Gli Austro-Ungarici che avevano previsto una guerra lampo si ritrovarono invece in quell'anno in una sanguinosa guerra di posizione, una guerra di trincea, dove ogni metro di terra conquistato comportò ingenti perdite.

Nel 1917 in Russia c'era stata la Rivoluzione e questo la portò la stessa a ritirarsi dal conflitto.

In quell'anno entrano in guerra gli Stati Uniti contro l'Impero Austro-Ungarico.

LA FINE DELLA GRANDE GUERRA

Le premesse e la nascita della Repubblica di Weimar

La guerra aveva assorbito le ultime risorse economiche della Germania. Il Kaiser era stato portato a conoscenza alla fine di settembre del 1918 delle gravi difficoltà economiche e militari dal suo supremo comando militare.

Erano iniziati poi dei contatti con la parte avversa per porre fine al conflitto. Già alla fine di ottobre tutti in Germania erano a conoscenza del negoziato in corso tra gli Stati Uniti e la Germania.

I marinai del porto di Kiev ricevettero l'ordine di salpare, domandandosi quali fossero gli intenti degli ufficiali, volevano autoaffondare le navi o tentare l'ultima disperata battaglia?

Entrambi gli intenti non sarebbero serviti a modificare le sorti della guerra, pertanto non assecondarono i loro superiori e si ammutinarono il 29

Ottobre, dando inizio a una rivolta che si estese agli operai e ad altre guarnigioni presenti in città quei giorni. Ci furono scontri con un'unità militare.

I dimostranti inizialmente chiedevano un miglioramento delle dure condizioni nelle quali vivevano, poi le richieste assunsero un valore politico: chiedevano la fine della guerra e l'abdicazione del Kaiser.

Nel giro di qualche giorno Kiev cadde in mano dei dimostranti e si diede una forma organizzativa come in Russia.

La rivoluzione si estese ad altre città.

Il 7 novembre i tedeschi firmano l'armistizio.

Il 9 novembre il principe Max lasciò il posto del cancellierato a Ebert, leader del Partito Socialdemocratico Tedesco (SPD), rispondendo implicitamente alle richieste del popolo ed esplicitamente a Woodrow Wilson, presidente degli Stati Uniti, che aveva chiesto di far cadere i capi che avevano portato la Germania alla rovina, favorendo la nascita della Repubblica.

Dal balcone del Reichstag, il segretario dell'SPD Sheidemann proclamò la Repubblica tedesca.

Due ore dopo Liebknecht membro dell'ala sinistra dello stesso SPD proclama la Repubblica Socialista, mandando su tutte le furie Ebert.

Quello stesso giorno il Kaiser abdicò chiudendo quella fase storica dell'Impero tedesco denominato Secondo Reich.

La repubblica nascente sarà denominata di Weimar perché quest'ultima è la città dove si tiene l'assemblea nazionale per approvare la nuova costituzione.

Il dopoguerra in Italia

Il 3 Novembre del 1918 venne firmato l'armistizio dell'Italia con l'Austria che entrerà in vigore il 4 novembre, di lì a poco terminerà il conflitto, questa data di entrata in vigore dell'armistizio sarà ricordata e celebrata in seguito come *'Anniversario della Vittoria'*.

Il conflitto produsse oltre trentasette milioni di vittime tra feriti, morti e dispersi. Produsse debiti all'Italia per sessantadue anni e fu poi l'origine insieme ai tedeschi dei successivi guai.

Nelle famiglie dei *Tonada* e dei *Polo* fortunatamente tutti riuscirono a salvare la *ghirba,* così era definita la loro pelle.

La guerra di trincea lasciò a Primo delle conseguenze. Si era presa un'artrite che lo accompagnerà per tutta la vita e spesso gli impedirà di alzarsi dal letto.

I nuovi confini europei

Crollano gli Imperi. L'Europa ridisegna i suoi confini politici.

L'Italia acquisirà il Trentino Alto-Adige, Trieste e l'Istria con l'esclusione di Fiume e la città Dalmata di Zara, ma non la Dalmazia, questo era stato stabilito in quel segreto Patto di Londra.

La città di Fiume e la Dalmazia furono assegnate al Regno dei Serbi, Croati e Sloveni (che divenne nel 1929 Regno di Jugoslavia).

Le rivendicazioni italiane espresse prima della guerra non trovarono il loro riscontro nella nuova geografia politica.

Iniziarono i malcontenti dei reduci con gli stimoli nazionalistici. Il contributo italiano per la vittoria della *Triplice Intesa* non aveva portato ai risultati sperati, Gabriele D'Annunzio la coniò con l'espressione di *'Vittoria mutilata'*.

Le trasformazioni sociali generate dal conflitto

Questa guerra combattuta per la prima volta con armamenti meccanizzati fece espandere l'industria.

Si spostarono dalle campagne alle città nuovi strati di lavoratori non qualificati.

I capifamiglia e i giovani uomini erano stati richiamati al fronte, staccandoli dalla famiglia.

I giovani in età non ancora di leva e le donne erano

andati ad alimentare le fabbriche di armamenti per le necessità belliche.

Le donne occuparono il posto degli uomini in diverse attività.

Al ritorno della guerra i capifamiglia vedevano ridimensionato il loro ruolo. I figli che durante il conflitto si erano resi autosufficienti, ora reclamavano la loro indipendenza, così come le donne che rivendicavano il riconoscimento del ruolo che esse avevano avuto durante l'assenza degli uomini.

Questi cambiamenti sociali generano il dissolvimento della famiglia patriarcale.

La nuova classe sociale dei reduci

I reduci tornando dal fronte si ritrovarono a vivere una realtà diversa da quella che avevano lasciato.

Il loro reinserimento nella società divenne un problema.

La vita militare aveva dimostrato il principio di organizzazione applicato alle masse e fu esteso per la mobilitazione sociale.

Gli ex combattenti formarono un nuovo modello sociale che rivendicava un riconoscimento da parte della società per aver combattuto per la patria, esaltando il loro valore, quello dei mutilati, dei decorati e il solenne riconoscimento dei caduti.

Questo modello sociale si distinguerà per fierezza, cameratismo, istintiva ostilità verso le divisioni dei partiti e governi inetti. Opponendosi energicamente allo sfacelo, all'anarchia, alla disorganizzazione economica e all'isterilimento produttivo dovuto al dilagare del bolscevismo come modello di rivendicazione proletaria dopo la rivoluzione russa del 1917.

Le associazioni di ex combattenti che si crearono fecero pressione ai governi perché intercedessero per tutelare i loro interessi.

I governi diedero elargizioni insufficienti alle richieste e si dimostrarono incapaci di ricollocare i reduci. Questo esacerbò il malcontento. I debiti di guerra avevano polverizzato le risorse.

I governi per far fronte ai debiti stampavano cartamoneta che diede luogo a fenomeni inflazionistici mai visti prima. Ne beneficiarono industriali e speculatori ai danni dei risparmiatori dei ceti medi.

Le tensioni sociali preesistenti prima del conflitto che erano state ridimensionate dal conflitto, esplosero, alimentate dall' inflazione e dalla disoccupazione.

Da un lato in Europa si guardava alla rivoluzione bolscevica come esempio per importare in Italia un nuovo modello di Stato.

L'interesse verso la politica aumentò. Partiti e sindacati videro aumentare i loro iscritti e come pure la partecipazione diretta dei cittadini.

Le classi finora dominanti vedevano eroso il loro potere a causa dei danni del conflitto che avevano voluto. Per mantenere il potere, riusciranno ad utilizzare il malcontento dei reduci per sopprimere l'avanzata di nuovi modelli di Stato, finanziando squadre di picchiatori che fecero nascere in Europa diversi regimi totalitari.

Per gli sconfitti si aggiunsero le pesanti sanzioni economiche imposte dai vincitori.

Primo *Tonada* nel suo lavoro di calzolaio si organizzava per andare a rifornirsi delle materie prime a Padova ed era in quelle occasioni che in città si aggiornava sulla situazione politica fuori dalle informazioni dei giornali italiani.

A Padova trovava anche quotidiani tedeschi nei circoli socialisti che lo informavano su quello che succedeva al di fuori dell'Italia.

L'11 Novembre 1918 Ebert forma il nuovo governo e lo stesso giorno si mette subito al lavoro per porre fine al conflitto.

Le gravi condizioni economiche del paese, che dalla seconda metà del 1918 avevano prodotto dimostrazioni, scioperi e assemblee, si radicalizzarono nel corso dell'inverno, portarono al caos. Nell'estate 1919 i militari ripresero l'iniziativa e in una serie di scontri sanguinosi repressero i consigli dei soldati e cominciarono a creare unità più coese e affidabili tra cui anche formazioni paramilitari che ebbero licenza d'interventi violenti.

La sinistra estrema fu emarginata, il governo socialdemocratico autorizzò truppe della destra paramilitare a sparare su operai in atto di lottare per una Germania più democratica e socialista.

Il 19 gennaio del 1919 i tedeschi andarono alle urne. Le donne votarono per la prima volta, diedero il loro consenso in gran parte al Partito Cattolico di Centro e a partiti conservatori.

I risultati delle urne videro una grande vittoria del Partito Socialdemocratico che ottenne la maggioranza assoluta dei voti.

La Germania rimase, tuttavia politicamente divisa.

Il Partito Socialdemocratico si alleerà allora con il

Partito Democratico (DDP) di orientamento liberale e con il *Partito Cattolico di Centro* (Z), nacque così la 'coalizione di Weimar'.

Ebert all'inaugurazione dell'assemblea il 6 febbraio del 1919 fece un discorso dal quale appariva che la Germania fosse del tutto incolpevole per lo scoppio della guerra. D'altra parte il suo partito l'aveva a sua volta sostenuta. Allora strizzò l'occhio alla destra puntando a una ferma ostilità nei confronti della *Triplice Intesa* che aveva vinto la guerra.

Mentre i parlamentari lavoravano alla stesura della Costituzione, le unità paramilitari agivano a loro piacimento, a Parigi le grandi potenze si riunivano per redigere i trattati che a loro avviso avrebbero consentito un futuro di paese.

Convocati dai vincitori a Versailles alla fine di aprile del 1919, i rappresentanti della Germania verificheranno di persona che non si poteva avverare il destino della promessa di Wilson che consisteva nella promozione di una pace senza vincitori.

Wilson era convinto che una pace imposta con la forza ai vinti avrebbe contenuto in sé gli elementi di un'altra guerra.

I fatti pertanto si svolsero in altro modo da quanto da lui auspicato, da quella conferenza era scaturito che la Germania avrebbe dovuto pagare pesanti danni di guerra a Francia e Gran Bretagna perché responsabile dei danni del conflitto.

In Germania la colpa per la sconfitta era stata

imputata ai tedeschi di origine straniera (gli ebrei) e ai comunisti.

La destra, esaltando la razza tedesca, disponeva di molestatori di piazza, picchiatori e contava dell'appoggio d'imprenditori, colonnelli, docenti universitari ed ecclesiastici.

LA FAMIGLIA PATRIARCALE DEI TONADA

Nel 1919 Primo si sposò con Emma, l'amicizia tra le famiglie di Cice *Boccolo* e Virginio *Tonada* si rinsalderà con la parentela.

La nuova famiglia di Primo entrerà a far parte della famiglia patriarcale del padre Virginio, così come era consuetudine a quei tempi quando si sposava un figlio maschio.

Questa famiglia patriarcale sarà una delle poche che era sopravvivrà alle molte che scompariranno in quel periodo.

In questo genere di famiglie vigeva la solidarietà, dove l'uomo più anziano diveniva la persona di riferimento.

Le idee politiche di Virginio venivano in quel modo messe in pratica: la forza della solidarietà nella comunione delle risorse.

Tutti i capifamiglia che ne facevano parte dovevano versare a Virginio, il più anziano, i loro introiti che venivano ridistribuiti secondo le necessità.

La moglie di Virginio, gestiva le nuore e a ognuna affidava un compito, secondo quanto previsto in questa grande famiglia .

In questa comunione dei beni si aiutavano maggiormente quei familiari più bisognosi.

Laddove la natura o le malattie avevano invalidato le normali capacità lavorative che riducevano le opportunità di lavoro di un familiare, interveniva l'aiuto economico della famiglia patriarcale che forniva allo sfortunato mezzi economici aggiuntivi che gli davano altre opportunità di procurarsi un lavoro.

Per questo un nipote di Primo che aveva contratto da bambino la poliomielite fu fatto studiare, divenne anche Cavaliere del Lavoro.

Un'altra strategia che era utilizzata per dare l'opportunità ai propri figli di studiare era quella di farli entrare in seminario con la buona parola dell'Arciprete.

Entravano in seminario fino a conseguire la maturità e poi se non c'era la vocazione per prendere i voti se ne uscivano con un'istruzione gratuita.

Nella famiglia patriarcale il giudizio degli anziani era cassazione. La loro autorevolezza indiscussa era richiesta per qualsiasi controversia e loro la dispensavano generosamente.

IL 1919

Il 18 gennaio a Parigi inizia la conferenza di pace Fin dalle prime riunioni, l'assemblea generale dei plenipotenziari si rivela qual era: una Babele del Novecento cui non manca la confusione degli idiomi, nella delegazione degli italiani nessuno conosce l'inglese, e gli americani sono del tutto carenti di francese.

L'Italia chiedeva il pieno rispetto del Patto di Londra sulla Dalmazia e si rivendicava inoltre Fiume, già appartenente al Regno di Ungheria.

Le trattative si protraggono fino al 28 giugno, lasciando irrisolta la questione di Fiume.

Il Biennio rosso

La vita diventa sempre più insopportabile per il prezzo dei generi di prima necessità che aumentano sproporzionatamente e nessuno è capace di mettere un freno all'ingordigia dei nuovi ricchi e degli arrivisti, i quali, cessate le forniture militari, e con queste, dopo aver fatto un sacco di soldi, seguitano ad arricchirsi speculando e frodando in ogni genere di prodotti.

Gli scioperi diventano numerosissimi: metallurgici e tranvieri, lavoratori della mensa, lavandaie, stiratrici e maestri, tutte le arti, tutti i mestieri; in tutte le industrie.

Nel 1919 i lavoratori non fecero altro che agitarsi proclamando scioperi. E quel che è più grave, è che sorgevano anche spontanei. Se ne contarono 1663 nel 1919. Nel settore agricolo furono 208.

E' forte la voglia di ripetere l'esperienza sovietica della Rivoluzione del 1917.

Il bolscevismo russo, favorì con danaro e con ogni mezzo il sovversivismo nostrano che, sfruttando le tristi condizioni economiche del periodo del dopoguerra, tentava in qualche modo di impadronirsi dello Stato.

Come in passato, il partito socialista dimostra di essere una forza che fa paura, ma che non è nemmeno in grado alla prova dei fatti, di scatenare quella rivoluzione che predica come necessaria e inevitabile. Nel momento in cui le masse occuperanno le strade e le fabbriche, vedremo i capi attardarsi in discussioni puramente teoriche, a ulteriore dimostrazione della loro incapacità ed irresolutezza.

In un altro contesto si protestava contro l'amnistia

concessa il 21 febbraio 1919 ai disertori, ritornava sul fante quell'onda di fango che aveva saputo ricacciare dopo Caporetto e che sul Piave aveva trasformato in eroismo. Disertori e combattenti furono equiparati.

Gli agitatori inscenano chiassate contro gli amnistiati, mentre l'ex combattente dopo quattro anni di trincea, troncati gli studi, troncato l'impiego, tornato a casa, non ha che il nome di *"ex combattente"* che gli suona di scherno e insulto.

I disordini portarono la borghesia a sostenere economicamente la nascita di movimenti reazionari.

In Italia i governi tendevano a considerare lo stato di conflitto sociale una semplice questione di ordine pubblico e non l'espressione di un malessere profondo.

Il 23 marzo nasceva il reazionario *'Movimento dei fasci italiani'* che diventerà in seguito: *'Partito Nazionale Fascista'.* In questo partito nazionalista confluiranno principalmente ex reduci, rimasti delusi per la *'Vittoria mutilata'.*

Esso fu fondato da un ex socialista, di professione maestro elementare, già direttore del quotidiano socialista *'L'Avanti',* si trattava di Benito Mussolini. Espulso dal partito per essersi schierato a favore del conflitto, contro la linea politica del partito che era invece contraria alla guerra.

Il 23 Giugno le elezioni vedono il rovesciamento della classe politica, il partito socialista e il neonato partito popolare conquistarono circa la metà dei seggi e queste elezioni segnano il declino del liberalismo.

Il neonato partito fascista ebbe un deludente risultato politico.

Nascerà il primo governo Nitti, i *Socialisti Massimalisti* non vogliono partecipare a questo governo, mentre lo accettarono quelli del Partito Popolare.

Il 12 novembre dello stesso anno, Gabriele D'Annunzio assieme a un centinaio di ribelli del Regio esercito occupa militarmente Fiume in Istria, che era stata assegnata al Regno di Jugoslavia, creando così un pasticcio diplomatico.

Il 16 novembre si svolgono le elezioni politiche, prevarranno i socialisti con il 32.3 % dei voti, seguiti dal Partito Popolare con il 20.5 %. I risultati elettorali non permetteranno però di raggiungere una stabilità di governo. Continuano i disordini.

Si chiudeva così l'anno 1919; un anno piuttosto torbido.

Lo stato italiano in quell'anno devolve fondi per la ricostruzione dei danni di guerra e *Piero Polo* riesce ad averne una parte, gli permetteranno di costruire assieme ai suoi fratelli due vere case in muratura.

Le case furono costruite a un centinaio di metri una dall'altra dietro ai *Cason*, i quali sono riconvertiti da abitazioni a magazzini per attrezzi agricoli, da pesca, foraggio e generi alimentari.

In una casa trova sistemazione la famiglia di Angelo, mentre nell'altra si sistema la famiglia di Piero e Vittorio, il fratello scapolo.

Naturalmente a quell'epoca la corrente elettrica e l'acqua potabile erano un lusso e, pertanto, entrambe le abitazioni ne erano prive.

In alternativa alla corrente elettrica c'è la lampada a petrolio che al calar del buio si utilizza con parsimonia, secondo le necessità di luce.

Nelle corte giornate invernali, si cenava con la sua fioca luce che permette solo di distinguere i commensali e il cibo sulla tavola. L'intensità della sua fiammella si aumenta quando vi è necessità di leggere.

La sua debole luce facilita la riflessione e il dialogo. La lampada è posta al centro della tavola e da protagonista permette di tenere viva la conversazione intorno a lei.

Ci si scambiavano riflessioni e pareri sulla giornata e sui problemi quotidiani.

L'acqua potabile si prendeva a Corte alla fontanella in piazza, era quella da bere, sebbene poco utilizzata. Per far passare la sete si preferiva bere il vino Clinton.

Per lavare i panni si usava quella del Rio e per lavarsi e fare da mangiare si usava quella del pozzo.

In questa epoca tutto era riutilizzato, in ossequio ad Antoine Lavoisier che sosteneva che: *"Nulla si crea e nulla si distrugge, tutto si trasforma"*.

La cenere del camino veniva riciclata quale detersivo per lavare i panni e i liquami del pozzo nero sono riutilizzati come fertilizzante.

Il riscaldamento al piano terra era assicurato dal camino in cucina e dalla stalla.

Al piano superiore c'erano le stanze da letto, dove il riscaldamento era garantito da coperte e da pesanti indumenti di lana.

L'aria dell'abitazione era pervasa da un intenso odore di selvatico generato dalla stalla e dai sigari toscani che fumavano gli anziani, i quali ne alternavano l'uso con tabacco da fiuto.

La casa di Piero *Polo* era di un pallido color mattone con piccole finestre di colore verde smeraldo era è disposta su due piani.

Entrando ci si trovava nella cucina, di fronte si vi è era un grande camino, ai lati del quale erano appese stoviglie e pentole per cucinare, alla sua destra vi si trovava la legna da ardere. Un grande tavolo al centro, a sinistra la credenza con appoggiata sopra una lampada a petrolio, sul lato destro del camino una porta dà accesso alla scala che portava al piano superiore, mentre nel sottoscala trovava posto la cucina in muratura di *barba* [zio] Vittorio e sulla destra l'accesso alla sua spartana stanza.

Nel lato sinistro della cucina, vi era una porta che dava accesso a una piccola stalla dove vi era una mucca per soddisfare le esigenze domestiche di latte.

L'accesso alle stanze da letto avveniva da una scala interna in legno e come tutta la casa ha un basso soffitto di travi.

1920 La fine del Biennio Rosso

Nel 1920 continuarono scioperi e manifestazioni violente in tutta Italia i latifondisti e industriali con l'aiuto dell'esercito fronteggiarono gli scioperi con la serrata ad oltranza.

Respinte le trattative tra i sindacati e la Confederazione Generale dell'Industria, si arrivò all'occupazione armata delle fabbriche da parte degli operai, cercando di autogestirle ma tecnici e ingegneri specializzati non dettero sufficiente appoggio a quest'attuazione.

Finì così il biennio rosso con la sconfitta degli operai che ebbe come bilancio oltre due centinaia di morti e un migliaio di feriti.

Non si attenuarono però i contrasti tra lavoratori e industriali entrambe fautori della lotta di classe.

In questa situazione l'abilità oratoria di Mussolini riuscirà ad -insinuarsi nella contesa politica, sfruttando il populismo attirerà il malcontento nel suo movimento politico.

Gli stessi *Interventisti* come Mussolini che avevano spinto l'Italia ad entrare in una guerra che aveva provocato lo sfacelo economico, si proposero come la classe politica che avrebbe portato il Paese fuori dal baratro economico.

I movimenti reazionari foraggiati e supportati politicamente dalla borghesia prenderanno vigore.

Le squadre d'azione fasciste con la violenza reprimeranno gli avversari politici, il tutto senza alcun impedimento dagli organi dello stato.

Saranno assalite case del popolo, sedi di amministrazioni socialiste e comuniste e di leghe cattoliche.

Fiume in quell'anno diverrà città indipendente e D'Annunzio venne costretto con la forza a sgomberarla.

Lo sgombero alimentò il malcontento dei reduci, che simpatizzarono ancor di più per i partiti nazionalistici.

1921 IL CONGRESSO DI LIVORNO

Il 21 gennaio 1921 il Partito Socialista si riunisce in congresso a Livorno, maturarono in quel contesto le idee della Rivoluzione Bolscevica.

I Bolscevichi promuovevano in Europa la nascita dei partiti comunisti affinché prendessero le distanze dai socialisti democratici. Si voleva attuare la rivoluzione.

All'interno del partito si creeranno due correnti di pensiero: quella massimalista che voleva la rivoluzione, mentre quella riformista la ripudiava e sosteneva che l'ordinamento politico e sociale si sarebbe potuto attuare con le riforme.

Durante il Congresso le due correnti non riuscirono a trovare un accordo, con i tempi che correvano, bisognava essere uniti per combattere la violenza dei movimenti reazionari che daranno poi luogo alla dittatura.

Avviene la scissione del partito, la corrente massimalista si stacca, dando luogo alla nascita del Partito Comunista Italiano.

La stessa cosa era avvenuta in Germania dopo la proclamazione della Repubblica di Weimar.

All'interno della famiglia di Virginio si creeranno anche lì due schieramenti opposti: Virginio e Primo rimarranno nel Partito Socialista, mentre gli altri figli si schiereranno con il neonato Partito Comunista.

I Comunisti della famiglia, com'era allora consuetudine, cominciarono a dare ai propri figli nomi russi.

Il 15 giugno s'instaura il governo Giolitti V, succeduto ai governi Nitti. Non fu in grado di affrontare la difficile situazione nonostante avesse favorito l'ingresso in parlamento del movimento creato da Mussolini.

Il 4 luglio 1921 nasceva il governo Bonomi che non fermava le aggressioni fasciste, che continuarono con i successivi governi Facta.

Nell'agosto dello stesso anno a Corte nella contrada di Righe nasceva il primo figlio maschio di Piero *Polo* ed era stato battezzato Giuseppe come il nonno.

In quello stesso anno in via Villa nella famiglia di Primo *Tonada* nascerà Virginio, il primogenito che anch'esso porterà il nome del nonno, come il figlio di Piero *Polo*. Non sopravvivrà al morbillo spegnendosi prematuramente all'età di due anni.

IL FASCISMO SI IMPADRONISCE DELL'ITALIA

Nell'agosto del 1922 nella famiglia patriarcale di Virginio *Tonada* nasceva Elena, la secondogenita di Primo, all'anagrafe Norma i cui destini s'incroceranno con quelli dei *Polo*.

Spesso succedeva che al battesimo l'arciprete si rifiutasse di utilizzare nomi che non corrispondessero a quelli dei santi, allora i genitori registravano il figlio in chiesa con un nome concordato con l'arciprete e all'anagrafe il nome da loro voluto.

Primo da frequentatore del teatro Verdi nella città del Santo, volle questo nome perché gli era piaciuta l'omonima opera di Bellini.

In Italia era un brutto periodo. Nell'ottobre dello stesso anno avveniva la marcia su Roma: il fascismo s'impossessava militarmente dell'Italia, con l'avvallo del piccolo re.

Il 1924 assicurò la vittoria delle elezioni ai fascisti grazie a brogli e intimidazioni.

Il deputato socialista Giacomo Matteotti denunciò in parlamento quanto si era verificato, per rappresaglia fu ucciso da emissari fascisti.

Il delitto provocò grande sdegno nel paese ma Mussolini ne uscì indenne grazie anche all'aiuto del piccolo re.

Nel 1926 è instaurato il regime fascista. Come primo atto furono sospesi tutti i partiti e i giornali di opposizione.

Avvenne l'indottrinamento della gioventù per opera di organizzazioni come ONB (*Opera Nazionale Balilla*) e GUF (*Giovani Fascisti Universitari*).

L'educazione divenne paramilitare con marce, divise, ed esercitazioni: questa era la pedagogia fascista.

Nel 1929 i maestri elementari furono obbligati al giuramento di fedeltà: '*Al re, ai reali successori e alle leggi e s'impegnavano a non essere iscritti o iscriversi a partiti politici e di educare i fanciulli affidatigli dalla patria all'ossequio delle istituzioni dello stato*'.

La maggior parte dei giovani di Corte erano fieri di fare i saggi di ginnastica e di avere la divisa fascista. Erano momenti d'aggregazione e vi era anche l'opportunità di avere abiti gratuiti.

Una minoranza però non aveva la divisa fascista e non partecipava a queste manifestazioni, tra loro vi erano anche i figli dei *Tonada*, i loro genitori non condividevano quell'ideale..

Ormai il fascismo controllava tutto. Non erano ammesse critiche. A chi non era d'accordo veniva somministrato l'olio di ricino o veniva picchiato, qualche volta anche a morte. In altri casi era spedito al confino o mandato in galera.

LE PREMESSE DELL'AVVENTO DEL NAZISMO

Le difficoltà della Repubblica di Weimar

Nel 1923 la neonata Repubblica tedesca non era più in grado di tener fede al pagamento dei danni di guerra stabiliti a Versailles.

Si formò un governo di grande coalizione, di formazione democratico-liberale, i dissensi tra i partiti si erano sopiti.

In virtù di questo governo, Gli Stati Uniti con il piano Dawes, approvato nel 1924 fornirono aiuti, investendo capitali che a loro avrebbero generato alti profitti e avrebbero consentito alla Germania di pagare le riparazioni di guerra.

Con il crollo di Wall Street, le banche statunitensi pretesero l'estinzione dei prestiti, quelle tedesche dovettero fronteggiare una grave crisi di liquidità che gettò l'intera economia nel panico.

Nel 1932 un terzo della forza lavoro in Germania

era disoccupato. La crisi economica rimise in discussione la legittimità del sistema politico.

I partiti per proteggere il loro elettorato tornarono a distinguersi tra loro.

I fondi dei sussidi per la disoccupazione si prosciugarono, erano stati previsti per sopperire a temporanei sbalzi di disoccupazione.

Tra i partiti c'era chi chiedeva un aumento dei contributi da versare a questo scopo, qualcun altro voleva la riduzione della spesa pubblica, con la conseguente diminuzione di questo sussidio.

I partiti non riuscirono a pervenire a un accordo e questo portò alla caduta del governo.

Nei tre anni successivi prima dell'avvento del nazismo, la Germania fu governata da una dittatura presidenziale del cancelliere Hindenburg secondo un articolo della Costituzione che lo autorizzava a governare per decreto.

Nelle elezioni dall'avvento della Repubblica fino a quest'ultimo periodo erano cresciuti i partiti di destra, fomentando le folle facendo leva nel sentimento nazionale umiliato dal trattato di Versailles.

Contemporaneamente continuavano ad essere tollerate violenze ed omicidi delle squadre paramilitari, proprio come era avvenuto in Italia. Mussolini era diventato il maestro di Hitler.

Figura 12 Valore iperinflazionato di un francobollo emesso durante la
Repubblica di Weimar

IL CROLLO DI WALL STREET

Durante la Grande Guerra gli Stati Uniti che avevano rinsaldato la loro posizione di paese produttore, avevano anche concesso cospicui prestiti ai loro alleati in Europa, divenendo il maggior esportatore di capitali.

Nel 1920-21 era iniziato negli Stati Uniti un sistema economico di grande prosperità.

La diffusione della produzione di serie portò a una riorganizzazione del lavoro che aumentava la produttività, ma parallelamente faceva crescere il numero degli occupanti con funzioni organizzative, con quest'organizzazione del lavoro la produttività era cresciuta in un decennio del 43%.

L'espansione dell'industria creò però una mancanza di un'equa distribuzione economica, l'aumento dei salari nello stesso periodo erano cresciuti solo del 20% e questo faceva aumentare i profitti. Si innesca così una forte domanda di azioni che alza il loro valore sopra il loro valore reale.

Ciò portò anche mutamenti nella vita sociale, con le

vendite rateali si poteva comprare un'automobile o un elettrodomestico, questo sistema di vendita creava un'espansione dei consumi.

Ben presto la produzione di beni di consumo durevoli saturò il mercato che non era più in grado di riassorbirli, lasciando nei magazzini prodotti invenduti e quindi dei mancati introiti.

I primi segnali avvennero il 22 ottobre 1929, all'inizio della seduta di Borsa. Gli speculatori ora vedevano che era necessario disfarsi dei pacchetti azionari per realizzare i profitti finora ottenuti, cominciarono allora a svendere.

La corsa alle vendite procurò un crollo del valore dei titoli azionari distruggendo i sogni di ricchezza dei suoi possessori e il 24 ottobre inizia il panico di chi è proprietario di azioni.

A novembre il valore dei titoli era dimezzato.

Il crollo del mercato azionario che aveva colpito i ceti medi e benestanti, proprietari per la maggior parte delle azioni, determinò la loro drastica ridotta capacità di acquisto e investimento che finì per avere conseguenze disastrose sull'economia del Paese che si estese a quella mondiale.

L'erogazione dei crediti che gli Stati Uniti avevano fatto all'Europa si ridusse fino a sospenderla, trascinando l'Europa nella crisi economica. Debiti a loro volta contratti per forniture belliche e per la ricostruzione.

A causa della recessione causata dal crollo di Wall

Street, gli americani ritirano i loro capitali investiti in Europa, trascinandola nella crisi economica.

L'Europa si trovò a subire una crescente concorrenza dei prodotti americani in forte ribasso, generando un rallentamento delle esportazioni verso gli Stati Uniti.

Questo mise in crisi Gran Bretagna, Francia, Italia e Germania che ripagavano i loro debiti contratti con gli Stati Uniti attraverso un'aggressiva politica di esportazioni.

CORTE VIA RIGHE ANNO 1929

Quell'angolo di parete scrostato indicava la presenza di *salso,* residuo lasciato dall'asciugatura di quell'umida aria salmastra tipica della laguna veneta. Aveva aggredito quella parete della casa e segnalava che doveva essere fatta una dipintura più frequente, ma ora le priorità della famiglia erano altre.

Bepi stava pensando a quello che gli aveva detto il giorno prima *Gnegno* [Eugenio] della famiglia dei *Musaro,* suo coscritto che gli aveva riferito che a Rosara vi era stata una partita a bocce sul Brenta ghiacciato.

Era il 5 febbraio del 1929 e si era registrata a Padova un'eccezionale temperatura di sedici gradi sottozero, era un freddo particolarmente intenso: si era ghiacciato anche il Brenta.

In prossimità di Rosara, località confinante con Corte, a valle del Brenta, alcuni arditi amici vollero utilizzare quella distesa ghiacciata per disputarci una partita a bocce. Un fotografo volle immortalare l'avvenimento quale testimonianza di quel freddo intenso e a riprova dell'avvenimento, aveva usato come sfondo della foto il ponte di Codevigo.

Bepi stava rimuginando quell'avvenimento, anche lui avrebbe voluto provare a camminare su quella distesa ghiacciata, ma lo avrebbe dovuto fare di nascosto da suo padre, preferì non rischiare, aveva ancora vivo il ricordo delle ultime cinghiate alle quali era stato sottoposto .per aver disobbedito al divieto di andare a fare il bagno in Brenta.

Come in tutti i tempi, i bambini imitavano i grandi e a quell'epoca erano imitati quei grandi che davano dimostrazione di ardimento con sprezzo del pericolo.

Il regime li stava educando a questo: voleva un popolo guerriero, talvolta, però, queste prove di ardimento di questi sciagurati si trasformavano in disgrazie che i loro coetanei definivano *bauchi*, ovvero stupidi. Diventavano però drammi per le famiglie alle quali veniva a mancare con la perdita del loro caro anche il loro già scarso sostentamento economico.

Bepi non aveva ancora compiuto gli otto anni, ma già doveva lavorare. Prima di recarsi a scuola doveva andare dalla famiglia dei *Fanfriche* a *guarnare,* così veniva chiamato il governo degli animali. Qui talvolta per esigenze di lavoro era costretto a rimanere fino a tardi e anziché tornare a casa preferiva restare a dormire nella stalla con quel freddo eccezionale. Per lui era un vantaggio, in quanto a casa talvolta la stufa era spenta. Le *tapare,* così come sono chiamati i ceppi di legna, erano scarse e quelle che si riuscivano a

140

recuperare le si doveva usare con parsimonia. In stalla invece il caldo era costantemente assicurato dagli animali.

Era questo il suo contributo per l'economia familiare perché gli introiti della famiglia non bastavano a mettere in tavola un seppur modesto pasto costituito da cibi poveri dove il primo era costituito da una zuppa di cereali chiamata *sboreton,* per secondo poteva esserci sardina salata chiamata *sardeon,* o aringa affumicata, propriamente chiamata *renga.* Talvolta poteva venir messa in tavola *gaina vecia,* la gallina non più adatta a fare uova. Quando invece si ammazzava il maiale rimaneva per qualche tempo qualche *soppressa,* un grosso salame impastato in modo particolare per mescolare meglio la parte grassa a quella magra e di *musetti,* così chiamati nel Veneto i cotechini.

Questi cibi erano poi contornati da una generosa quantità di polenta che prima di preparare la farina era necessario ripulirla dalla eventuale presenza dell'insetto del granoturco, detto *bao.*

Bepi al mattino presto, si alzava dal suo *pajon,* il materasso fatto con i cartocci di mais, tenuto alzato da terra da cavalletti. Sceso poi dal letto si infilava le sue *sgalmarete,* calzature economiche in legno con tomaia di pelle, sotto le quali erano inchiodate le *broche,* chiodi dalla testa larga utili per rallentarne il consumo ma camminando per strada producevano quello scalpitio simile a quello dei cavalli, diverso solo per la sua frequenza. Scendendo poi giù da basso da quelle scale di legno, quel calpestio diventava come quello di un carpentiere che stesse inchiodando delle assi.

In un angolo della grande cucina raggiungeva il catino smaltato, sorretto da un treppiede di ferro battuto, sotto al quale vi trovava posto una brocca dalla quale attingeva l'acqua per lavarsi.

La sua colazione mattiniera era costituita da latte e qualche fetta di polenta fatta il giorno prima.

Usciva poi da casa con il suo *tabaro,* così come si chiamava il suo mantello di fustagno e raggiunto il *Cason* dei *Fanfriche,* iniziava il suo lavoro: portare il letame fuori dalla stalla, rifare il giaciglio degli animali con nuovo pagliericcio e dar loro il foraggio.

Una volta accudite alle necessità degli animali, doveva provvedere alle proprie, andando a scuola.

Lo attendeva l'inesorabile maestra Zecchin che non aveva clemenza con chi non era attento durante le sue lezioni e qualche volta preso dalla stanchezza si addormentava sul banco. La maestra allora lo svegliava con le bacchettate sul dorso delle mani.

Le punizioni corporali avvenivano con il consenso della famiglia. Subiva fiero le botte senza lamentarsi facendo imbestialire il suo aguzzino che avrebbe voluto sentir lamentare la propria vittima.

A scuola difficilmente qualcuno cercava di litigare con lui, coloro i quali ci avevano provato ne avevano conservato il ricordo per molto. Ricevevano la rabbia delle botte che Bepi subiva dai grandi e per questo si era creato la fama di discolo.

Finito l'orario scolastico, dopo pranzo doveva badare a svolgere i compiti di scuola, poi tornava in stalla a occuparsi degli animali.

In ogni caso riusciva qualche volta a ritagliarsi degli spazi di tempo per andare nel Rio con i suoi coetanei a pattinare d'inverno o nuotare d'estate.

A volte era andato a nuotare anche in Brenta ma era vietato perché molto pericoloso. In alcuni punti si creavano mulinelli d'acqua che risucchiavano coloro che vi entravano.

I mulinelli erano causati da buchi nell'alveo del fiume creatisi a causa dei bombardamenti avvenuti in tempo di guerra che avevano distrutto il ponte, ma anche da prelievi di sabbia.

Nonostante questo Bepi ci andava lo stesso e quando il padre lo veniva a sapere, lo prendeva a cinghiate.

Amava nuotare in Brenta, Il fiume con la sua irruenza gli assomigliava, mentre il Rio, più calmo era più simile al fratello Giovanni.

Era attratto dal Brenta, lì in simbiosi con la natura staccava la mente dalla realtà nella quale viveva. A suo avviso quel fiume era pericoloso solo per i *bauchi* che finivano per pagare con la vita la loro incoscienza del rischio non conoscendo i loro limiti.

A scuola era conosciuto per la sua indisciplina e per questo fu bocciato tre volte, ma nonostante questo eccelleva nei saggi di ginnastica dove primeggiava.

Figura 13 Codevigo 1929 , si gioca a bocce sul Brenta ghiacciato.

MOMENTI DI VITA NELLA FAMIGLIA PATRIARCALE

Corte, via Villa anno 1930

Nel 1930 la famiglia di Virginio era cresciuta, si erano sposati tutti e tre i figli maschi.

Oltre alla famiglia di Primo, c'erano le famiglie di Luigi, Ottorino e Cesare.

Luigi era un impresario edile, Ottorino lavorava nel genio civile come guardiano del Brenta, mentre Cesare era un venditore ambulante di frutta, verdura e dolciumi.

Vivevano tutti assieme, i cugini erano come i fratelli, la comunione accresceva il legame familiare per il quale rimanevano dei bei ricordi indelebili che rivivendo negli aneddoti sarebbero stati poi ricordati tenendo viva la loro memoria, lucidata dalle generazioni successive fino a farla brillare come un faro.

La sera prima di cena, tutta la famiglia si riuniva e i proventi del lavoro ambulante di Cesare erano rovesciati sul tavolo e tutti, bambini compresi, erano coinvolti per la conta delle monete.

I bambini le raggruppavano per valore e i grandi provvedevano poi a contarle.

Come premio del loro impegno, i bambini ricevevano una caramella o una carruba.

Assolto questo lavoro, si riunivano poi a cenare.

L'educazione dei bambini era assolta dalla famiglia patriarcale, dove le basi erano: l'esempio, il rispetto e la comunione reciproca.

Questi principi erano rinsaldati dal riconoscimento che ognuno aveva nel ruolo familiare e n'era moralmente ricompensato per aver assolto il proprio compito, dal ruolo del bambino che raggruppava le monetine a quello dell'anziano che si rendeva utile nel dispensare consigli.

A tavola quando ci si riuniva per pranzo, i bambini talvolta divenivano impazienti di aspettare il loro turno per iniziare e per questo si servivano prima del tempo, era il patriarca che doveva servirsi per primo, ufficializzandone l'inizio. Uno sguardo di un genitore era sufficientemente eloquente a correggere ogni comportamento che non fosse di rispetto delle regole comuni.

Gli uomini dopo cena si ritiravano a fumare e a raccontarsi gli ultimi avvenimenti politici o per gestire qualche problema familiare.

Le donne nel frattempo si riunivano nelle stalle del vicinato a *fare filò*.

IL NAZISMO

Nel 1933 andava al potere Hitler con regolari elezioni politiche, aveva cominciato la sua ascesa nel 1919, parallelamente alla sua ascesa politica crescevano le violenze delle sue squadre paramilitari.

Nei suoi discorsi infarciti di antisemitismo, se la prendeva con gli ebrei che riteneva responsabili dei disastri economici della Germania. L'odio verso di loro si trasformò nel loro sterminio con deportazioni verso i campi di concentramento.

In quei campi vennero rinchiusi anche oppositori politici-comunisti, socialisti, *'dissidenti religiosi'*, testimoni di Geova, ed ebrei. Inoltre la polizia criminale operò arresti preventivi di persone con precedenti penali, zingari, omosessuali, disabili, prostitute e di tutti quelli che a vario titolo furono considerati, *'asociali'*.

Al loro ingresso nei campi coloro che venivano

considerati inabili al lavoro passavano direttamente nelle camere a gas e poi nei crematori.

Gli internati considerati abili erano costretti ai lavori forzati e coloro che non resistevano alle dure condizioni di lavoro, venivano uccisi. Alcuni furono addirittura impiegati come cavie per sperimentazioni scientifiche e mediche.

Fu uno dei più grandi orrori della storia che portò allo sterminio di undici milioni di persone, tra le quali sei milioni di ebrei.

Alleandosi con Mussolini Hitler esportava l'antisemitismo anche in Italia.

Nel 1938 in Italia fu emanato il manifesto della razza che impediva agli ebrei l'iscrizione dei bambini alle elementari e imponeva al personale ebreo di ogni ordine e grado di lasciare la scuola.

A Corte la famiglia ebrea degli Jacur presente nel territorio fin dal 1861, dovette cedere le sue proprietà. Diversi membri di questa famiglia subirono la stessa sorte di altri ebrei: annientati nei campi di sterminio. La loro famiglia aveva contribuito alla prosperità del paese, fornendo lavoro a diverse donne con la coltivazione del tabacco e nella raccolta di uve pregiate.

PRIMO LO SCARPARO DI CORTE

Primo *Tonada* era lo *scarparo* di Corte, alto biondo con gli occhi azzurri, le sue caratteristiche mostravano una discendenza dagli Arimanni longobardi calati nel Veneto dal nord, piuttosto che dai Paflagoni provenienti dall'attuale Turchia, scesi nel Veneto da oltre tre millenni.

In bottega lo aiutavano il figlio Pucci e Giovanni, della famiglia dei *Gareo*.

Giovanni *Gareo* a causa della poliomielite avuta da bambino, era claudicante, nel lavoro di *scarparo* ebbe la possibilità di un lavoro dignitoso che non comprometteva le sue capacità lavorative.

Primo faceva con passione il proprio mestiere. Alla consegna al cliente del prodotto del suo lavoro, verificava fosse rimasto soddisfatto. Questo lo appagava, indipendentemente dal tipo di lavorazione che poteva essere di una semplice riparazione o alla produzione di una scarpa su misura.

Quando creava una scarpa nuova, la doveva adattare alla forma del piede di chi la doveva calzare, l'abilità del suo lavoro sopperiva i difetti di natura del piede.

Vi erano anche clienti che nella suola volevano scarpe producenti al loro incedere un fruscio; per ottenere ciò, si inseriva nella suola la pelle ricavata dall'orecchio d'asino.

Nelle riparazioni si rattoppava anche la tomaia e si nascondeva la cucitura con una lacca. Per fare durare la risuolatura dei tacchi, s'inchiodavano alla loro estremità delle piastrine di ferro.

Le mire espansionistiche dell'Italia non si fermarono, Mussolini proseguì quello che avevano iniziato i Savoia all'indomani dell'Unità d'Italia e nel 1935 con un pretesto invade l'Abissinia (Etiopia) che apparteneva alla Società delle Nazioni. Per questo l'Italia subì l'embargo.

A causa di ciò la mancanza di materie prime, porterà l'Italia all'autarchia e di conseguenza si dovettero studiare e produrre materiali alternativi.

Verranno aumentati i sacrifici degli Italiani ai quali verrà anche richiesta la fede matrimoniale per la raccolta dell'oro per la Patria.

La propaganda fascista nel 1936 proclamava agli Italiani la *"nascita dell'Impero"*, nascondendo i debiti che si erano ulteriormente accumulati a causa delle campagne militari per conquistare le colonie.

Primo vedrà aumentare il suo lavoro, i surrogati di cuoio dell'epoca non erano altrettanto duraturi del cuoio. In alternativa venne inventato il *Cuoital,* una miscela di cascami di cuoio sfibrati con latex e vulcanizzati. Il *Sapsa* della Pirelli, cascami di cuoio macinati e lattice di gomma e il *Coriacel,* cascami di cuoio e fibre vegetali tenuti insieme da collanti).

Primo s'impegnava nel dare il meglio di se stesso nel proprio lavoro, ma pretendeva il rispetto dai propri clienti. Andava su tutte le furie quando un cliente gli portava da riparare un paio di scarpe sporche.

Il malcapitato ne veniva redarguito.

- Come ti permetti di portarmi le tue scarpe da pulire?! non sono mica il tuo servo!!-

Contemporaneamente alle parole, le scarpe del malcapitato volavano fuori dalla bottega.

Aveva imparato a fare le scarpe su misura in Germania dove era stato a lavorare, migliorò in seguito le sue capacità frequentando una scuola artigianale a Piove di Sacco.

La sua bottega era un luogo di ritrovo. Chi aveva necessità di farsi fare un nuovo paio di scarpe doveva far riposare il piede prima di prendere le misure. Il piede gonfio avrebbe alterato la misurazione della scarpa.

Nell'attesa si faceva conversazione con il calzolaio che continuava il suo lavoro.

Parallelamente alla *'nascita dell'Impero'*, la gente continuava a impoverirsi. Primo lo costatava attraverso il suo lavoro. Le scarpe che gli portavano a riparare erano talmente consunte che la loro riparazione si trasformava in una ricostruzione, con pezze nella tomaia e ricuciture che solo con il suo estro riusciva a rimetterle in vita.

Quando gli portavano da riparare scarpe ormai non più recuperabili, riusciva sempre a trovare le parole giuste per comunicare al disagiato cliente di rassegnarsi per quella perdita, come se fosse un dottore di ospedale che doveva comunicare una perdita a un familiare di un malato.

Riusciva a riparare le scarpe tra le più disastrate che altri calzolai avevano già rifiutato di riprenderle in mano perché il costo della riparazione avrebbe superato il loro valore e più che una riparazione diventava una ricostruzione.

A lui non importava quella valutazione, aveva a cuore il proprietario delle scarpe che le portava a riparare perché non poteva permettersi un paio di scarpe nuove.

Naturalmente il prezzo di queste riparazioni diveniva politico, il suo lavoro però era premiato dal sorriso soddisfatto del cliente quando gli riconsegnava quelle scarpe ridivenute *'nuove'* e questo per Primo valeva di più della vile pecunia.

Emma, la moglie non era altrettanto soddisfatta che più realista di Primo, sosteneva che con quattordici figli da sfamare doveva pensare prima al sostentamento della famiglia quando aggiustava scarpe senza un guadagno.

Primo non le dava retta e continuava a fare quello che il suo animo gli dettava.

"Tasi che non ti non te capisi niente!, Ti se nata in meso ae jare." [Taci perché non sei in grado di capire l'importanza, in quanto sei nata in mezzo alle ghiaie.] - Era quello che le diceva quando la moglie lo rimbrottava.

A Corte vi è una frazione chiamata Giare, che significa ghiaie. Era allora una zona isolata dal paese, dove il Brenta straripava spesso e il terreno era diventato ricco di ghiaia e sabbia portate dalle esondazioni e quindi questo poco abitata. Secondo Primo le persone che vi abitavano erano poco a conoscenza dei problemi causati dalle difficoltà economiche di qualche famiglia di Corte.

Aggiustando le scarpe a credito, talvolta c'era qualcuno che senza giustificato motivo non onorava il debito, allora lui doveva usare il suo estro per recuperarlo, si racconta di come lo utilizzò un giorno per farsi pagare le scarpe da un debitore ingiustificato.

In paese si conoscevano tutti e se quel debitore avesse avuto problemi economici che non gli consentivano di onorare il debito, Primo sarebbe venuto a saperlo e avrebbe ancora aspettato a chiedere quanto gli era dovuto, ma questo non era il caso, era solo uno che voleva fare il furbo.

Lo raggiunse all'osteria dove si trovava beato a bere con gli amici, gli si avvicinò e con uno stratagemma gli fece togliere le scarpe sostenendo che c'era un difetto, ed era sufficiente solo qualche minuto per sistemarle. Il debitore si tolse allora le scarpe e le consegnò a Primo, chiedendogli quale fosse il difetto, perché lui le trovava confortevoli.

"Il difetto sta nel padrone delle scarpe che non le ha ancora pagate." Preso alla sprovvista davanti agli amici ci fece una magra figura e per non camminare scalzo, coperto di ridicolo dagli avventori dell'osteria non gli rimase d'altro che sfilare dal portafogli quanto dovuto.

LA FAMIGLIA DI PRIMO

La mortalità infantile all'epoca molto elevata, ridusse la famiglia di Primo ed Emma originariamente composta di quattordici figli a cinque. Erano rimasti in ordine d'età Elena, Giulia, Bea, Pucci e Giacomo.

Elena

Elena la figlia maggiore era attratta dalla vita sociale della parrocchia che fungeva quale ruolo di aggregazione della maggior parte della gioventù femminile di Corte, distinguendosi come attivista delle attività dell'Oratorio.

Fin da piccola, essendo la maggiore, la mamma le affidava la cura dei fratelli più piccoli. La sua affidabilità era nota, non aveva ancora compiuto i quattordici anni quando la sua famiglia si affidò alla parrocchia per cercarle un lavoro.

Le parrocchie fungevano da ufficio di

Collocamento, a loro si rivolgevano le richieste di persone affidabili.

Venne segnalata dall'arciprete come un'affidabile bambinaia e per questo si ritrovò a curare i figli di un importante medico di Piove di Sacco.

In quel periodo prese la pellagra e questo medico anziché curarla pensò bene di lasciarla a casa.

Elena ci rimase male. Quando guarì, venne richiamata per riprendere il lavoro ma si rifiutò di ritornarci.

Elena si trasferì a Milano nel 1936 lavorando come bambinaia per diverse famiglie, tra le quali anche in una famiglia originaria di Piove di Sacco. Il bambino del quale si prese cura in questa famiglia era Franco Carraro, diventerà famoso come sindaco di Roma e anche presidente del CONI. Il padre di quest'ultimo era stato un commesso di un negozio di tessuti e, messosi in proprio, era diventato benestante.

Nei primi anni del dopoguerra, Elena lavorò a Corte come maestra nell'asilo parrocchiale, che lasciò poi per ritornare a Milano.

Giulia

Giulia al contrario di Elena non era affidabile, ma era scavezzacollo, come un maschio, correva con spericolatezza per le strade di Corte con la bicicletta del padre, amava poco la disciplina. Amava la vita era sempre contenta, anche lei, come Elena andò a servire ma come domestica.

Il suo temperamento vulcanico e la sua schiettezza non erano le doti che servivano per fare la donna di servizio. Per fare questo lavoro, spesso si subivano delle umiliazioni. Erano rari i *padroni* che si comportavano con cortesia, erano invece comuni quelli che dall'alto della loro condizione sociale trattavano le donne di servizio come serve della gleba, obbligandole a essere a disposizione dall'alba al tramonto e talvolta negando loro la libera uscita domenicale, salvo che per andare a messa.

Giulia tutto questo non lo accettava e difendeva la sua dignità rispondendo per le rime al suo datore di lavoro quando veniva trattata male, con il risultato di venire spesso licenziata e per questo cambiava spesso posto di lavoro.

Bea

L'ultima figlia di Primo, Elisabetta detta Bea, altruista come il padre, ebbe la vocazione e andò suora. Quando comunicò al padre di volersi fare suora, Primo che era ateo ci rimase male ma poi se ne fece una ragione.

Entrò nell'Ordine dei Salesiani, dove diede il suo contributo in Piemonte e Val d'Aosta.

Aveva un animo sensibile e quando parlava, era un piacere ascoltarla, riusciva a trasportare le sue emozioni al suo interlocutore, quando si esprimeva in italiano, si distingueva il suo vissuto piemontese, ma in famiglia riscopriva il suo dialetto veneto.

Si occupò anch'essa di bambini e lavorò nelle scuole materne.

Pucci

Il primo dei maschi era Ottavio, fu battezzato con questo nome perché era l'ottavo figlio nato, soprannominato Pucci. Era il discepolo politico e di lavoro del padre, divenne la memoria storica della famiglia.

Gran lettore, aveva voglia di studiare e dopo la terza elementare arrivò a fare anche la quinta elementare.

Le classi superiori alla terza erano all'epoca considerate non obbligatorie e per potere continuare a studiare si doveva andare a Piove di Sacco. Distante qualche chilometro da dove abitava, distanza che percorreva volentieri perché ripagato dal piacere di imparare.

Chiamato al servizio militare in Aereonautica, riuscì a fare il bibliotecario.

158

Vivere quel periodo in mezzo ai libri che erano la sua passione non lo dimenticò mai, gli rimase un piacevole ricordo indelebile.

Giacomo

Giacomo l'ultimo figlio era lo *scoagnaro*, termine con il quale viene definito nel Veneto l'ultimo figlio, che letteralmente vuol dire: scopa nido.

Giacomo da bambino era viziato, faceva diventare matta Elena che quale sorella maggiore lo doveva curare.

La sua indisciplina veniva spesso tollerata dal suo severo padre, tutt'altro che tollerante con gli altri figli.

– Imparò il lavoro di falegname da un artigiano scelto dal padre che lo pagò perché gli insegnasse il mestiere al figlio. Questa era una consuetudine di quell'epoca.

Figura 14 Primo al matrimonio della figlia.

LA RICOSTRUZIONE DELLA CHIESA

Era il 1936 e l'Arciprete di Corte in una funzione religiosa domenicale, espresse ai suoi parrocchiani la necessità di avere una chiesa più grande. L'attuale era diventata insufficiente alla comunità ed era necessario ingrandirla. Nell'occasione fissò una data nella quale ci sarebbe stata una riunione dei capifamiglia per decidere sul da farsi.

Nelle riunioni che si susseguirono l'Arciprete cosciente della situazione economica dei suoi parrocchiani, chiese che dessero un loro contributo alla costruzione come fornitori di manodopera gratuita nel loro già scarso tempo libero.

Fu richiesto anche l'aiuto di Piero *Polo, mastro muraro* nel genio civile. La sua esperienza era già nota per aver contribuito alla costruzione della chiesa a Rosara, nel 1907.

Tutto il paese si mobilitò con entusiasmo alla richiesta dell'Arciprete.

Il 10 maggio 1937 iniziò la demolizione della vecchia chiesa e il 21 dicembre dello stesso anno la chiesa era già stata ricostruita ed era benedetta dal vescovo.

Questo dimostra come fossero determinati gli abitanti di Corte.

Figura 15 foto ricordo dei Cortensi che parteciparono alla ricostruzione della chiesa. (Tratta dal libro: "Corte bona et optima Villa del Padovano").

LA FAMIGLIA DI PIERO POLO

Vittorio

La famiglia di Piero *Polo* era composta oltre che dalla moglie e figli, anche dal fratello Vittorio.

Vittorio era della classe 1885 tre anni più giovane di Piero.

La bontà è un conservante speciale, mantiene giovani fa rimanere bambini, tiene in piedi l'entusiasmo, la fiducia, il buonumore, così si distingueva Vittorio dal fratello Piero il quale invece era sempre 'buio'.

Vittorio dimostrava più anni di quelli che aveva, era curvo quasi ripiegato in due da una grave forma di cifosi. Il suo volto era ricoperto da rughe che s'intersecavano, la mappa di una vita che aveva visto dolore e perdite ma anche gran felicità e allegria.

Aveva delle grandi orecchie a sventola, le loro dimensioni erano accentuate dal suo taglio di capelli rigorosamente corti e di color cenere.

Le sue orecchie generose gli consentivano la cattura di quei toni di voce che delle emozioni che il suo interlocutore cercava di trasmettergli. Vittorio assomigliava all'attore Spencer Tracy.

Era stato emigrato a Milano dopo la grande guerra, dove come stradino aveva posato il porfido sulle vie Varesina ed Espinasse danneggiate dalla Grande Guerra. Finito quel lavoro tornò a Corte, dove con i soldi ricavati si mise a fare il mediatore.

I nipoti avevano il piacere di coinvolgerlo nelle loro faccende, da lui si riceveva soddisfazione morale su un risultato ottenuto. Era anche il primo a essere informato quando si era combinato qualche guaio, secondo la gravità dello stesso dava un consiglio di come rimediare o usava la sua arte di mediatore con i genitori di chi aveva combinato il guaio.

Il suo saggio consiglio era sempre ben accolto, era di buon carattere, non si arrabbiava mai.

Vittorio, partecipava con interesse all'esposizione di quanto gli si raccontava. Durante l'ascolto tramutava la sua espressione del viso come le emozioni che gli trasmetteva il suo interlocutore, che poteva essere di stupore, gioia o rammarico ascoltandolo senza interromperlo, dopodiché condivideva con trasporto la propria gioia, sorridendo di gusto mostrando i suoi denti ingialliti dal tabacco e talvolta parlando gli sfuggiva anche qualche schizzo di saliva, difetto che passava in secondo piano rispetto il carisma che forniva la sua oratoria.

Mitigava biasimo ma esaltava un elogio su l'ottenimento di un risultato raggiunto.

Quando esprimeva i suoi pareri, parlava centellinando le parole con parsimonia, quasi dovesse contare delle monete, intercalandone le pause e fissandoti con i suoi penetranti occhi neri, aveva un tono di voce riflessivo, non si alterava alzando la voce, ne modulava il tono che poteva essere pacato quando descriveva come avveniva l'appostamento per la cattura di un pesce, per poi divenire improvvisamente impetuoso nella descrizione dei momenti della cattura.

Quella sua teatralità nel raccontare la ritrovai in Giuseppe Ungaretti quando nel finire degli anni '60 faceva una introduzione delle puntate dello sceneggiato televisivo dell'Odissea.

Barba [zio] Vittorio aveva la passione della pesca e la trasmetteva ai nipoti, coinvolgendoli. Era un pescatore determinato, raccontava spesso di come riuscì a pescare un grosso pesce gatto che era sfuggito più volte dalla cattura. Riuscì a pescarlo dopo mesi d'appostamenti, dimostrando che la calma è la virtù dei forti.

Vittorio non si era sposato, ebbe una donna con la quale non fu in grado di sposarsi e per questo non volle conoscerne altre.

Era fedele di padre Leopoldo, un frate famoso come nel meridione era padre Pio, del quale teneva un santino sul comodino.

Viveva in una stanza spartana, costituita da un letto, un comodino, un armadio e un piccolo tavolo con una sedia.

La cucina invece era stata costruita nel sottoscala della casa del fratello. Si era fatto costruire una stufa in muratura. In quello spartano spazio trovavano posto appese al muro alcune pentole e un piccolo mobile contenente qualche piatto e qualche stoviglia .

La sua stanza da letto era stata costruita come appendice alla casa del fratello, dalla quale vi accedeva da una porta della cucina.

Vittorio temeva terremoti e temporali. Quando c'era, un temporale correva a nascondersi in casa.

Per difendersi invece dai terremoti, durante la costruzione della sua stanza impose al fratello di fare un uso abbondante di cemento armato, trasformandola come un bunker. Diversi anni più tardi quando papà ristrutturò la casa, si accorse della sua solidità quando dovette abbatterla.

Guai però a non andare a genio allo zio Vittorio, lui aveva la sua vita parallela alla famiglia del fratello, aveva le sue galline, i suoi conigli, i suoi attrezzi, i suoi depositi alimentari.

I suoi sonnellini pomeridiani erano inviolabili e se qualcuno turbava il suo mondo, diventava cattivo e l'intruso di turno con lui aveva chiuso.

Piero

Piero invece contrariamente al fratello era buio, di poche parole, quelle poche che uscivano dalla sua bocca erano disposizioni, oppure monosillabi.

Sopravvissero alla moria infantile cinque dei suoi sette figli, tre femmine e due maschi: Maria la maggiore, Elisa detta Isa, Genoveffa detta Effa, Giuseppe detto Bepi e Giovanni.

Maria

Maria era maggiore, porterà il nome della nonna paterna, era figlia della prima moglie. Sua mamma morirà il 10 gennaio del 1910, tre giorni dopo il parto nel quale era nato Ferruccio, che morirà il giorno stesso della nascita.

Era alta, una bella donna con un portamento da regina, nonostante fosse leggermente claudicante per via di una gamba più corta dell'altra.

Il suo portamento e la sua affabilità mettevano in secondo piano il suo difetto fisico che comunque non oscurava la sua bellezza.

Primo lo *scarparo* di Corte le faceva scarpe su misura che correggevano questo suo difetto fisico.

Isa

Elisa detta Isa prese il nome in ricordo della prima moglie del padre, secondogenita a Ferruccio Giuseppe anch'esso morto durante il parto. A differenza della sorella era una paziente sarta che riusciva a fare rammendi invisibili nei pochi capi di vestiario dei fratelli dei quali era orgogliosa. I fratelli con il loro portamento li valorizzavano come se portassero abiti appena usciti dalla sartoria. Isa riusciva a rinnovarli facendoli durare più del normale. Per aggiungere un tocco di classe al suo lavoro metteva anche le iniziali sul taschino delle camicie.

Effa

Genoveffa detta Effa era invece una brava cuoca e si occupava delle faccende prettamente domestiche e dell'allevamento degli animali da cortile. Era talmente esperta ad ammazzare le galline che le bastavano due dita per romper loro l'osso del collo senza farle soffrire.

Bepi

Bepi il primo figlio maschio portava il nome del nonno, di lavoro faceva il contadino, era quello più movimentato della famiglia ed era forte. Esprimeva la sua forza in tanti modi, dai cazzotti alla forte competizione nel lavoro, nell'altruismo e la grande passione per il ballo.

Giovanni

Giovanni poco più giovane di Bepi era operaio presso la latteria sociale di Corte, era il figlio prediletto di Piero, era riflessivo e conciliante, contrariamente al carattere impulsivo del fratello.

Figura 16 L'attore Spencer Tracy, assomigliante allo zio Vittorio.

LA DICHIARAZIONE DI GUERRA

Corte, lunedì 10 giugno 1940 a metà mattina, nei bar è l'orario del *bianchin*, già tutto il paese era al corrente che alle 6 pomeridiane il Duce avrebbe fatto un'importante discorso.

Qualcuno lo aveva appreso dalla radio, altri da i quotidiani al bar dove, prima di iniziare la giornata lavorativa erano passati per fortificarsi. Il passa parola aveva poi sparso quell'informazione a macchia d'olio.

Da qualche tempo i discorsi infuocati nei cinegiornali dell'istituto Luce e la stampa avevano dato per imminente l'entrata in guerra dell'Italia, ormai tutti erano consapevoli che quello sarebbe stato il tema di quel discorso.

All'orario fatidico i cortesi si erano radunati in piazza. Per l'occasione vi erano stati disposti dei megafoni per fare in modo che tutti fossero messi in grado di ascoltare le parole del Duce.

Chi aveva aderito al fascismo si presentò in divisa.

In attesa del discorso, capannelli di persone erano assorti a discutere di fatti propri, l'umore della piazza era serio, i loro discorsi erano lontani da quelli che si facevano in una sagra paesana. Quando iniziò il discorso, anticipato dalla registrazione del fracasso della folla radunatasi nella Capitale sotto il balcone di piazza Venezia, da dove avrebbe parlato il Duce, la piazza di Corte divenne muta e attenta a non perdersi una parola.

Il discorso era iniziato e dopo i preamboli, comunicò quello che era stata consegnata la dichiarazione di guerra, di seguito giustificò quella scelta prendendosela con chi aveva costretto l'Italia a quella scelta.

Ognuna di quelle persone presenti stava filtrando tra sé quelle parole attraverso le proprie esperienze di vita.

I camerati in divisa, allo scorrere delle invettive contro i nemici e alla descrizione *"dell'invincibile potenza dell'Italia e del suo alleato"*, manifestavano il loro plauso scuotendo il capo dal basso in alto per approvazione di volta in volta che quelle follie venivano eruttate dai megafoni.

Qualcun altro invece lo scuoteva la testa in senso negativo. Il tenore di vita della sua famiglia si era ridotto, era stato obbligato anche a dare la sua fede matrimoniale per "la patria" dicevano, ma quell'oro era servito per andare ad aggredire un popolo. Nel discorso poi il Duce se la prendeva con le 52 nazioni che gli si erano messe contro a questa occupazione. Ma queste nazioni cosa dovevano fare? Dovevano accettarlo come un dato di fatto, così come l'invasione della Polonia da parte di Hitler? Si tenne per sé quelle considerazioni, mettendosi a ridere di nascosto guardando quei burattini in camicia nera che invece assecondavano le parole di quel discorso.

Tra le tante persone convenute a quell'appuntamento vi era anche Primo, vi era andato per tenersi al corrente di quello che stava succedendo.

Altri come lui in quella piazza, anziché essere galvanizzati dalle parole degli altoparlanti, man mano che ascoltavano quei discorsi, diventavano sempre più seri. Erano perlopiù i reduci della grande guerra e coloro i quali erano avversi al fascismo conoscevano cosa fosse la guerra e quello che ne sarebbe derivato.

La Storia che aveva già 'regalato' fame e miseria all'Italia con la Grande Guerra e sembrava che non avesse insegnato niente.

Altre risorse sarebbero state bruciate, a beneficio d'industriali dell'industria bellica, asserviti ai sogni di grandezza dei Savoia e del fascismo.

Alla vigilia del conflitto il reddito medio di un italiano era il 50% di quello di un francese, il 33% di un'inglese e il 25% di uno statunitense.

Chi emetteva quel discorso in quel momento dai megafoni, soprassedeva; sottostimava questi dati o propriamente li ignorava.

Primo per ascoltare attentamente quel discorso aveva chiuso la bottega ed era andato in un punto della piazza dove poter ascoltare la radio senza dare nell'occhio.

Assieme a lui c'erano il figlio Pucci e Giovanni *Gareo* che erano i suoi discepoli di lavoro e di idee politiche.

Non potendo intervenire, gli venne qualche lacrima, non vedeva l'ora che finisse il discorso e quando finì abbandonò in fretta e furia la piazza assieme a chi lo aveva accompagnato, non era il caso di incontrare qualcuno che potesse chiedergli un suo parere su quello che avevano sentito. Le Camice Nere gli avevano già somministrato l'olio di ricino e prima che passassero a maniere più forti, era meglio essere più cauti, aveva una famiglia da mantenere che non doveva perdere quell'unica fonte di reddito.

PARTENZA PER LA GUERRA

Quella dichiarazione di guerra aveva coinvolto anche le nuove generazioni nate dopo l'avvento del fascismo del 1922.

Dopo la campagna di Etiopia, nel 1936, divenne obbligatorio il premilitare per i giovani e Bepi per questo ne fu coinvolto come i suoi coetanei.

Il premilitare previsto per i giovani dai diciotto ai ventuno era una preparazione psico-fisica alla guerra.

Nel 1938 era stato richiamato a fare il servizio militare nella 7^ Brigata Julia degli Alpini. Nel 1940 era in procinto di congedarsi, quando invece fu inviato direttamente al fronte albanese.

La sua generazione aveva già patito i dissesti economici dell'Italia dopo la prima guerra e ora avrebbe pagato ulteriori conseguenze da un'altra guerra.

Di carattere forte, Lui non accettava di vedere

175

soprusi e durante una parata militare, trovandosi schierato in prima fila, quando un Generale domandò a caso un parere sulla loro vita militare, lui non esitò a denunciare le scarse razioni di cibo che venivano distribuite nella sua caserma.

La sua osservazione venne presa in considerazione che generò un inchiesta. Conclusa la quale quel Generale gli fece avere una licenza premio di una settimana e casualmente la sua licenza coincise quando i suoi commilitoni erano stati comandati ad essere inviati a fare la Campagna di Russia, oltre alla licenza, ebbe il beneficio di salvarsi la vita.

Figura 17 Bepi Polo nella foto utilizzata dal fotografo per essere
inserita nel grande quadro che rappresentava tutti gli uomini di Corte
in partenza per la guerra che aveva per titolo: "Il nostro cuore per i
nostri soldati".

L'ENTRATA IN GUERRA E LE SUE CONSEGUENZE

L'Italia entrava in guerra malamente equipaggiata e scarsamente organizzata, alcuni contingenti richiamati alle armi furono rimandati a casa in attesa di essere forniti di equipaggiamenti e vestiario.

I risultati della disorganizzazione non tardarono a manifestarsi. In Africa nei primi giorni di guerra verrà abbattuto per errore dagli italiani l'aereo di Italo Balbo governatore della Libia.

A solo dodici giorni da questo incidente, ne avverrà un altro. al largo di della costa calabra di Punta Stilo, la Regia Marina stava scortando un convoglio di cinque piroscafi diretti in Libia, venne attaccata dalla Marina Inglese. Viene allora richiesto l'intervento dell'Aviazione, gli aerei giunti sul posto si troveranno bersaglio dei propri compatrioti e viceversa gli aerei spareranno sulle loro navi.

Il 28 Ottobre del 1940 avvenne l'invasione della Grecia, dopo quattro giorni le truppe italiane sono già in difficoltà e ripiegheranno verso l'Albania, da dove erano venute.

L'iniziativa di attaccare la Grecia da parte dell'Italia non era stata presa in accordo con la Germania.

Gli inglesi intervenuti in difesa della Grecia distruggono la base navale di Taranto, che rappresentava una buona metà della marina italiana.

Dopo circa un mese dall'attacco, gli italiani, si videro costretti a chiedere aiuto alla Germania.

Nel 1941 la Grecia e la Jugoslavia sono conquistate dai tedeschi.

Su un altro fronte, a febbraio in Africa settentrionale avviene la ritirata generale degli italiani verso la Tripolitania.

Il 22 giugno del 1941 la Germania invade la Russia e gli italiani offrono il loro aiuto: il primo contingente partirà il 26 giugno.

Il loro equipaggiamento è insufficiente per il compito assegnato e questo farà infuriare i tedeschi.

Tra l'altro a causa dell'embargo imposto all'Italia per l'invasione dell'Abissinia e la conseguente mancanza di materie prime, i soldati calzano scarpe in surrogato di cuoio, con il risultato che in breve tempo si sfasciano nella neve.

Nel dicembre dello stesso anno le truppe dell'asse

saranno fermate dal "Generale Inverno". Per la prima volta dall'inizio della guerra la Germania vedeva fermare le sue armate che avevano ormai da tempo invaso l'Europa.

Nel frattempo anche in Africa ci saranno le prime difficoltà dell'asse.

Dopo alterne vittorie nel teatro russo, nel gennaio del 1943 inizia la disfatta moriranno circa ottantacinquemila uomini.

Nello stesso mese in Africa gli inglesi entrano a Tripoli, finisce così il dominio italiano in Libia.

In Sicilia iniziano i bombardamenti alleati che proseguiranno nei mesi successivi sulle altre città italiane.

Nel marzo dello stesso anno inizieranno gli scioperi nelle fabbriche .

A maggio in Africa deporranno le armi venticinquemila tra tedeschi e italiani.

Dopo la sconfitta in Russia, ora è persa anche l'Africa.

Il 9 luglio le forze alleate britanniche, americane e canadesi sbarcano sulle spiagge della Sicilia.

Il 17 agosto la Sicilia è completamente conquistata.

Figura 18 Bepi (a destra) nel fronte albanese.

LA RESA DEI CONTI

Le chiacchiere della propaganda si stanno rivelando tali, la guerra con la sua tragicità aveva scoperto il bluff del fascismo, una cinica partita persa dal regime a danno degli italiani.

Il 15 Luglio del 1943 il piccolo re vedendo precipitare le cose convoca il maresciallo Pietro Badoglio per trovare una soluzione al dramma dello sbarco alleato, in seguito a ciò il giorno dopo convocherà il generale Ambrosio per studiare come destituire Mussolini.

Il susseguirsi degli avvenimenti militari, spingeranno diversi gerarchi a incontrarsi con Mussolini per criticare il suo operato, pretendendo la convocazione del Gran Consiglio, che si riunirà il 24 Luglio.

All'ordine del giorno vi era la richiesta a Mussolini di lasciare l'esecutivo e di rimettere i suoi poteri nelle mani del piccolo sovrano.

Mussolini la interpreterà come una sommossa ed è anche convinto che la sua destituzione porti al caos.

Una sua estromissione sarebbe vista dall'alleato tedesco come un tradimento che lo avrebbe portato a rivolgere le armi contro i traditori italiani. Espose allora le sue perplessità al consiglio.

Nella votazione che si susseguirà, Mussolini è messo in minoranza.

Il piccolo re verrà poi informato della decisione del Gran Consiglio e il giorno dopo convocherà Badoglio per comunicargli il mandato di Capo del Governo. Qualche ora dopo incontrerà Mussolini per informarlo della sua decisione di averlo destituito e, dopo averlo accomiatato, lo fa arrestare dai carabinieri.

Il 25 Luglio i giornali ufficializzano la destituzione di Mussolini e Badoglio proclama: *"Assumo il governo militare del Paese, con pieni poteri, la guerra continua."*

A sua volta lo stesso volle avvisare Hitler di volere tener fede alla parola data e di continuare il conflitto con i loro alleati tedeschi, chiedendo anche degli incontri.

Hitler aveva capito invece che l'Italia stava trattando una resa col nemico e non rispose alle sue missive.

Stava per cominciare la resa dei conti e le conseguenze che ne sarebbero derivate da quella scelta.

Non lo avevano capito però alcuni italiani che cominciarono a festeggiare la caduta di Mussolini.

Il 26 Luglio un proclama vietava gli assembramenti e un altro decretava il coprifuoco nelle ore notturne. Lo stesso giorno l'esercito inizia la repressione delle manifestazioni di piazza che produsse in soli 5 giorni 83 morti, centinaia di feriti e 1500 arresti.

Pietro Badoglio

Il piccolo re aveva scelto di *'riciclare'* questo Generale dalla controversa carriera.

Come voleva la tradizione dei Savoia, facevano carriera quelli che erano piemontesi e stavano nelle grazie dei sovrani.

Già corresponsabile della disfatta di Caporetto nella Grande Guerra, riuscì a cavarsela grazie al suo comandante supremo Luigi Cadorna che scaricò la colpa della disfatta sui soldati.

Nell'offensiva austriaca del 24 ottobre 1917 di lui e altri importanti Generali quel giorno si perse ogni traccia secondo le precise accuse di altri Generali.

Nel 1940 era stato chiamato a condurre una campagna militare contro la Grecia, il 4 dicembre venne destituito dalla sua carica di Capo di Stato Maggiore per la sua incapacità e sostituito dal Generale Cavallero.

Si vendicherà di costui quando divenuto capo del Governo, lo farà arrestare per anti-americanismo, al processo. Cavallero si difenderà con un memoriale dove affermava di *"..essere semmai antitedesco.."*

Nella fuga dopo l'8 settembre lo fece scarcerare e fece in modo che quel memoriale finisse in mano tedesca, pretesto con il quale i tedeschi lo arrestarono e lo assassinarono simulando un suicidio.

L'ARMISTIZIO

Il neo presidente Pietro Badoglio l'8 settembre del 1943 ufficializza l'armistizio, che in realtà avvenne il 3 settembre.

L'1 Settembre presso Cassibile, il generale Castellano a nome del governo aveva accettato le condizioni imposte dai vincitori, ma non aveva con sé l'autorizzazione scritta di Badoglio per la firma, era un modo per temporeggiare.

Il rappresentante americano lo invitò a mandare un telegramma a Roma per la conferma ufficiale.

Il telegramma di risposta dopo una seconda sollecitazione arrivò il 3 settembre alle 16.30 e stabilirono che sarebbe entrato in vigore l'8 settembre.

D'accordo con il piccolo re, Badoglio aveva chiesto agli americani di rendere pubblico l'armistizio dopo l'11 settembre, per permettere a loro stessi di organizzarsi la fuga.

Si guardò bene di confermare tempestivamente quanto accaduto al governo e ai ministri responsabili delle tre armi.

L'armistizio fu reso pubblico l'8 settembre, alle 18:30 con un annuncio fatto dai microfoni di Radio Algeri da parte di Eisenhower. Un'ora e un quarto dopo fu Pietro Badoglio a confermarlo dai microfoni dell'Eiar.

Gli alleati tedeschi lo vennero a sapere quello stesso giorno, ma già dal 25 luglio, dopo la destituzione di Mussolini, avevano capito come si stava evolvendo la collaborazione degli alleati italiani. Avevano allora previsto un piano da utilizzarsi in questo frangente. Gli italiani da alleati divennero traditori e quindi nemici della Germania.

Il giorno dopo misero in atto il loro piano, occupando gran parte dell'Italia centro-settentrionale, scatenando la guerra civile.

Il 9 settembre, avevano occupato la Capitale nella quale vi era ancora il piccolo re con il suo seguito, che non aveva fatto in tempo a scappare. I tedeschi gli permisero la fuga in cambio di lasciar scappare Mussolini dal Gran Sasso, dove era stato relegato dopo la destituzione da capo del governo.

La liberazione di Mussolini venne poi effettuata il 12 settembre da un commando di paracadutisti tedeschi.

La precipitosa fuga del piccolo re, lasciò allo sbando in balia di se stessi tutti quei militari che gli avevano giurato fedeltà, dimostrando che a lui importava solo salvarsi la pellaccia.

Allo sbando, ai soldati non rimaneva altro che cercare di raggiungere con ogni mezzo, anche a piedi i loro luoghi di origine.

Quelli di stanza in Italia ebbero maggiori possibilità di ritornare da quelli che in quel momento erano all'estero e grazie all'aiuto della popolazione civile riuscirono a procurarsi abiti civili, attraversando a piedi .-

Nel loro cammino dovevano stare attenti a non farsi catturare dai tedeschi che quando li fermavano li spedivano in Germania per fare lavori forzati nei campi di prigionia.

Bepi dopo quell'8 settembre si trovava nel Montenegro, i tedeschi lo fecero prigioniero con il suo battaglione e lo portarono prima in un campo di concentramento a Monaco di Baviera, poi in un altro in Polonia.

La vita di stenti nei campi di concentramento lo avevano ridotto a una larva di 40 Kg. Era alto 1.70 mt e pesava 70Kg. Ridotto alla fame mangiava anche le bucce delle patate raccolte nell'immondizia delle cucine per i militari tedeschi.

Gli internati morivano di stenti e malattie a causa dell'indebolimento fisico.

Il 23 Settembre del 1943 in Italia nasceva la repubblica di Salò da parte di Mussolini, era una repubblica voluta da Hitler, alle dipendenze della

188

Germania, questo stato fantoccio non fu riconosciuto dalla comunità Internazionale.

Nei campi di concentramento i nazisti chiedevano ai prigionieri italiani di farsi volontari per combattere con la repubblica di Salò, credevano ancora che si potessero ribaltare i fatti dell'8 settembre.

Anche nel campo di concentramento dove era finito Bepi arrivò questa propaganda .

Ascoltò attentamente quello che era tradotto dall'interprete che intercalava le sue traduzioni al discorso che l'ufficiale tedesco incaricato del reclutamento spiegava nell'adunanza volta a quello scopo.

Astutamente Bepi ebbe un'idea e, senza profferir parola con nessuno dei suoi commilitoni, si fece avanti come volontario, diede ad intendere di voler essere reclutato, questo significava uscire dal campo di concentramento e questo era il suo primo obiettivo.

Alcuni compagni di prigionia lo dileggiarono per questo promettendogli che se fossero riusciti a tornare a casa lo avrebbero fatto fuori.

Bepi non poteva spiegare i suoi piani e continuò a recitare il ruolo del fascista. Per meritare la fiducia di questi tedeschi e per fare vedere la sua spavalderia e la propria dimestichezza con le armi, scommesse con un tedesco la sua vita contro la possibilità di essere arruolato, sostenendo che avrebbe smontato e rimontato a occhi bendati un fucile mitragliatore.

La sfida venne accettata, detto fatto fu bendato e dopo che ebbe rimontato il fucile, sparò poi in aria una raffica. Aveva vinto la scommessa e ottenuto quello che voleva. Fu allora trasferito in una caserma, dove lo rifocillarono e, una volta rimessosi fisicamente gli fu data una nuova divisa e dopo qualche lezione di aggiornamento all'uso delle armi, fu tradotto in Italia.

Quando il treno oltrepassò la frontiera italiana, Bepi mise in atto la seconda parte del suo piano che aveva come obiettivo finale quello di scappare. Ad un rallentamento del treno, riuscì a sottrarsi alla vista dei suoi accompagnatori e saltò giù dal treno sulla massicciata ferroviaria, riuscendo a darsi alla macchia.

Si avviò in prossimità di una cascina e riuscì a cambiare la sua divisa con abiti civili.

Non era così stupido di tornare a casa dove sicuramente lo avrebbero arrestato e fucilato per diserzione, andò invece dalle parti di Mira rimanendo nascosto in una nicchia scavata all'interno dell'argine di quel ramo del Brenta chiamato Brenta Vecchia, nelle vicinanze della quale era andata a vivere Maria, sua sorella maggiore che di nascosto di notte gli portava da mangiare. Rimase alla macchia fino alla liberazione il 25 Aprile del 1945.

L'OCCUPAZIONE TEDESCA

Il paese di Corte subì come il resto dell'Italia, le ristrettezze economiche causate dal conflitto. Nei paesi di campagna la vita era meno dura di quella delle città perché si trovava il cibo.

La famiglia di Primo vessata dal fascismo riusciva a sopravvivere grazie allo scambio di merci.

La maggior parte del paese era costituita da contadini, con le loro risorse alimentari ripagavano il conto del calzolaio, la merce di scambio era più gradita del denaro.

Primo utilizzava parte di quei generi alimentari per acquistare settimanalmente a Padova le materie prime necessarie per il suo lavoro.

Durante l'occupazione nazista, con le sue conoscenze di tedesco, ebbe come clienti gli SS che non pagavano le sue prestazioni, ma gli procuravano il cuoio necessario, requisendolo da qualche parte, con gli avanzi del quale riusciva anche ad aggiustare qualche paio di scarpe ai suoi compaesani.

Un giorno parlando con uno di essi, capì dall'accento che era originario della bassa Baviera zona nella quale aveva lavorato da giovane prima della grande guerra e chiedendogli da dove provenisse, scoprì che veniva dal paese dove aveva vissuto e che era il figlio del suo maestro di lavoro e date le circostanze stabilì con esso discussioni di carattere familiare, aggiornandosi sugli ultimi avvenimenti del suo paese e della salute del suo maestro.

Questo soldato quando era fuori servizio andava a trovare Primo e si presentava in bottega dicendo: 'Gute morgen, morgen free [Buon mattino, mattinata libera da servizio]. Chiacchierava e leggeva a Primo le lettere della sua famiglia con le novità del suo paese, trasmettendogli i saluti che suo padre mandava a Primo.

La conversazione alle volte scivolava su come aveva trascorso la giornata, scambiando qualche chiacchera davanti a un bicchiere di vino gli forniva involontariamente informazioni di carattere militare: quali spostamenti e posti di blocco aveva fatto e quali servizi avrebbe dovuto avere il giorno successivo.

In quei frangenti sbucava Giacomo, lo *scoagnaro* della famiglia che aveva cinque anni e ascoltando in casa i discorsi tra familiari, ripeteva quello che aveva sentito in casa quello che si dicevano quando il tedesco non era presente. Scimmiottando il tedesco, rispondendo al saluto *"Guten Morgen, Morgen free"* del soldato lui gli ripeteva in rima *"Gute Morgen, morgen fria mi te maso a casa mia"* [*io ti ammazzo a casa mia]*.

Il soldato lo salutava amichevolmente e chiedeva a Primo cosa volesse significare quello che diceva il bambino, Primo gli rispondeva che era un saluto di benvenuto, però dovette fare in modo che il bambino rimanesse in casa quando quel soldato veniva in bottega.

Primo poi con la scusa dei rifornimenti di materie prime per il suo lavoro di calzolaio, andava a Padova e riusciva a trasmettere informazioni utili per la Resistenza che amichevolmente senza immaginarlo, gli aveva comunicato il soldato tedesco.

L'ASILO PARROCCHIALE

Era il 1945, la guerra era finita e a Corte si volle fare un asilo parrocchiale. Fu scelta Elena figlia di Primo *Tonada* per assumere il ruolo di maestra, con una classe di un centinaio di bambini che, oggi sarebbe impossibile gestire, mentre all'epoca i bambini erano abituati alla disciplina.

La classe era formata da bambini di tutte le età.

La disciplina era talmente tale che le maestre in occasione delle belle giornate, portavano i bambini sull'argine del Brenta e veniva loro concesso di bagnare i piedi nel fiume.

Ad aiutarla a organizzare l'asilo, Elena aveva coinvolto le sue sorelle Giulia e Bea, ancora adolescenti. Bea andrà poi in comunità diventando suora.

I bambini più grandi contribuivano a tenere insieme

quelli più piccoli che talvolta erano fratelli o cugini.

L'asilo non durò molto, perché lo svolgimento di questo lavoro avveniva gratuitamente. Era previsto che le famiglie contribuissero con un contributo volontario, ma la povertà faceva arrivare solo qualche uovo o qualche gallina che non era sufficiente per mettere insieme il necessario di un sostegno economico alla maestra quale riconoscimento del lavoro svolto. Elena lascerà allora l'asilo parrocchiale che rinascerà ad opera delle suore che si instaureranno a Corte.

Figura 19 Asilo di Corte: Le tre sorelle con bambini grandi

196

Figura 20 Asilo di Corte, i bambini più piccoli. Nascosta tra i bambini c'è Emma la mamma delle maestre.

Figura 21 Asilo di Corte: Elena con i bambini dell'asilo. (Archivio della Parrocchia San Tommaso Apostolo di Corte).

IL SECONDO DOPOGUERRA

I reduci della seconda guerra erano tornati a casa.

La guerra di liberazione era terminata e ora iniziava la primavera di vita degli italiani.

Il lavoro scarseggiava, ci si doveva adattare a qualsiasi attività che permettesse di portare quotidianamente del cibo a tavola.

Chi era emigrato, con un passaparola aveva poi trasmesso ad altri compaesani le opportunità di lavoro di cui era venuto a conoscenza.

I pochi posti di lavoro nelle cooperative o negli enti pubblici erano riservati a invalidi di guerra, orfani o vedove.

Ognuno ora poteva dedicarsi a costruire il proprio avvenire, chi aveva la fidanzata prima di andare in guerra ora vi erano le premesse per sposarla.

Quelli che invece non avevano legami come Bepi, preferivano nel tempo libero recuperare un poco di quello che la guerra gli aveva tolto. Riprese a frequentare le balere, per lui il pensiero di farsi una famiglia propria ora rimaneva secondario.

A Bepi piaceva ballare, e questo era anche un altro motivo per andare fuori paese in quanto a Corte non c'erano balere, c'erano nei paesi meno bigotti del suo.

A quell'epoca il forte campanilismo non gradiva che i *galletti* di altri *pollai* venissero a invadere i propri e questo si trasformava in risse che talvolta facevano *suonare le campane a martello,* come quando c'era qualche emergenza per fare fronte comune. In quelle occasioni gli uomini si armavano di quello che avevano a disposizione e accorrevano davanti alla chiesa, luogo deputato a quelle adunanze.

In quelle circostanze Bepi e i suoi amici erano costretti a battersi per potersi difendere.

LE LIBERE ELEZIONI DOPO IL FASCISMO

Era il 1946 nei mesi che precedono le prime elezioni dopo il fascismo, si svolsero nel Veneto il 2 Giugno.

In tutta Italia ci si divideva nei due fronti: quello cattolico e quello anticlericale.

L'Arciprete a Corte rappresentava la massima autorità, si prestava come conciliatore e consigliere quando c'era qualche problema, a patto però di far parte del suo gregge: bisognava essere dei buoni cristiani.

Per comportarsi da buoni cristiani era necessario andare a messa la domenica, nelle feste comandate e comunicarsi almeno una volta l'anno. Erano regole da rispettare come quelle di convivenza che obbligavano a rispettare l'altrui proprietà o a non disperdere rifiuti nei canali d'irrigazione.

Chi non le rispettava veniva disapprovato dai propri compaesani, e obbligato ad adeguarsi di conseguenza.

Una ristretta parte di paesani però non riconosceva la centralità del ruolo della Chiesa e per questo non la frequentavano. I benpensanti allora li mettevano al bando definendoli *'senza Dio'*.

Primo e i suoi fratelli pur vivendo a Corte non si riconoscevano come pecorelle dell'Arciprete, loro erano atei e si ritrovavano tra di loro nelle sezioni dei partiti piuttosto che in chiesa.

La sua bottega si trovava nella piazza del paese di fianco alla chiesa, il centro di Corte, da dove propagandava le sue idee quanto quelle dell'Arciprete, con il quale c'era in ogni modo stima reciproca.

Trasversalmente alle idee che li divideva, li univa l'essere galantuomini e disponibili per la comunità.

In occasione di qualche questione importante da risolvere, si consultavano reciprocamente per poi trovare assieme una soluzione.

Primo con l'Arciprete aveva un buon rapporto, si trovavano quotidianamente, in occasione di un battesimo, era spesso invitato all'ultimo momento a fare da padrino.

Il battesimo era allora una formalità per chi non aveva possibilità economiche di dover fare festeggiamenti.

Frequentemente i genitori di un bambino da battezzare si presentavano in chiesa senza un padrino, allora un chierichetto andava a chiamare Primo a sostenerne il ruolo. Lui allora interrompeva il proprio lavoro, si lavava le mani, appendeva il suo grembiule di pelle e attraversava la strada per entrare in chiesa. Al termine delle formalità di rito, tornava al suo lavoro.

Per questo quando girava per Corte, era salutato dai ragazzi come *santolo,* così come è propriamente chiamato il padrino nel veneto. Erano tanti i *fiossi,* così definiti i figliocci ai quali aveva fatto da padrino, mentre per i genitori dei *fiossi,* veniva salutato come *compare.*

In quel dopoguerra di ricostruzione erano forti le rivalità tra comunisti e democristiani.

Il Veneto per tradizione storica, era prevalentemente legato al Partito Popolare divenuto poi Democrazia Cristiana, qui la Chiesa aveva conservato una forte influenza sulle masse dei contadini veneti. Qui durante il biennio rosso che aveva preceduto il fascismo, a differenza di altre regioni d'Italia, le lotte erano state organizzate dal Partito Popolare e non dal Partito Socialista.

Durante le campagne elettorali la Chiesa faceva propaganda per la Democrazia Cristiana, sottolineando che Partito Socialista e il Partito Comunista fossero i partiti degli atei e di conseguenza contrari alla morale cattolica. Votando per loro si rovinava la gioventù.

Si rafforzava invece la gioventù di valori morali, votando per la DC.

Il dovere di ogni cattolico era quello di arginare l'immoralità.

A Corte come del resto dell'Italia l'Arciprete fece la sua parte in questa propaganda.

I cortensi per la maggior parte credenti, iniziarono anche a nuocere economicamente gli atei, boicottando la bottega di Primo, rivolgendosi ad altri calzolai.

Primo accortosi che il suo lavoro in una settimana si era notevolmente ridotto, si rese conto di quanto stava succedendo e venne a sapere che in chiesa le parole dell'Arciprete erano state interpretate per danneggiare il suo lavoro.

Fermò l'Arciprete e in disparte lo affrontò. Aveva in quel momento uno sguardo duro, tale da far nascere una crepa nel muro con una sola occhiata, avrebbe voluto in quel momento scaricare verbalmente la sua rabbia ma doveva mantenere nei confronti dell'arciprete una discussione tra persone civili.

- Arciprete, è passata una settimana da quando nell'ultima predica della Messa Grande mi accorgo che molti paesani non vengono più nel mio negozio. Mi è giunta voce che non vengono in bottega perché sono ateo e per questo preferiscono andare a *farsi fare le scarpe* a Piove. Cosa c'entrano le idee politiche con il lavoro? Io ho il dovere di sfamare la mia famiglia e

Voi arciprete quello di non impedire ad un *ateo* di lavorare. Affamare una famiglia non si commette forse un peccato? Ci rifletta arciprete. Buonasera. -

L'Arciprete che lo conosceva, non l'aveva mai visto in quello stato, lo aveva lasciato parlare, era troppo arrabbiato. Proseguendo per la sua strada rifletté a quel monologo, quello era stato lo sfogo di un galantuomo, ci dormì sopra.

Ebbe una notte agitata nella quale fece delle riflessioni sul quell'incontro.

La responsabilità del ruolo di guida della sua comunità lo ponevano ad assumersi di prima persona delle responsabilità che gli davano la facoltà di interpretare dal suo punto di vista le direttive ricevute dalla sua Diocesi per il bene dei propri parrocchiani.

Egli era insieme giudice e pastore e con la sua visione doveva poi spiegare attraverso la predica come applicare quelle direttive di propaganda elettorale che aveva ricevuto.

La domenica successiva all'incontro, come di consuetudine l'Arciprete celebrò la cosiddetta Messa Grande, quella cantata, la principale seguita dalla maggior parte del paese.

Dalle vetrate della chiesa lame di luce aggredivano gli astanti, rendendo visibile nel loro fascio di luce granelli di polvere dispersa nell'aria. I mosaici delle vetrate colpiti dalla luce riflettevano la loro vivacità di colori.

Nell'attesa che iniziasse la funzione alcune donne

nelle prime file, si scambiavano i saluti e si aggiornavano sugli avvenimenti della settimana passata, utilizzando questo momento comune.

In fondo alla chiesa gli uomini conversavano tra loro. L'argomento della conversazione era il vino nuovo e quale garanzia di bontà dello stesso si scambiavano a vicenda inviti per assaggiarlo, a sostegno delle loro affermazioni.

Lo scampanellio di un chierichetto richiamò agli astanti che stava cominciando la messa, mentre altri iniziarono a cospargere d'incenso la chiesa, riportando nei sensi la sacralità del luogo.

La messa andò avanti fino all'omelia, la gente seduta con un brusio di sottofondo attendeva che l'Arciprete salisse sul pulpito, un breve silenzio lo accompagnò al momento della sua presenza per la predica, lasciando spazio alla sua oratoria..

Le parole del Vangelo di quella domenica sarebbero state tradotte dall'officiante in comportamenti pratici per i fedeli.

Commentò i passi che erano stati letti quella domenica con esempi alla vita quotidiana, parlò di San Giuseppe e nobilitando il lavoro sostenne che ognuno aveva il diritto di lavorare, era un dovere d'ogni cristiano provvedere al sostentamento della propria famiglia e un buon cristiano doveva favorire il suo prossimo a fare altrettanto indipendentemente dalle loro idee politiche.

L'Arciprete si dilungò sul valore della famiglia e del

benessere che avrebbe beneficiato dal lavoro dei suoi componenti. Chiuse poi la predica con le consuete comunicazioni settimanali delle attività della parrocchia programmate per la settimana a venire.

I fedeli si guardarono in faccia tra loro, l'arciprete era stato chiaro e di conseguenza la predica di qualche settimana prima quando affermava di: "arginare l'immoralità con ogni mezzo", riconobbero di avere male interpretato quella predica andando da un altro calzolaio a farsi aggiustare le scarpe e fu così che ritornarono alla bottega di Primo.

Il 2 Giugno si svolsero poi le elezioni. Il raggruppamento della Democrazia Cristina ottenne la maggioranza dei voti.

Con il referendum per scegliere tra Monarchia e Repubblica la maggioranza scelse la Repubblica.

Il 18 giugno 1946 era un martedì, la radio aveva comunicato la notizia che nasceva la Repubblica Italiana. Era stato convalidato il risultato del referendum, dove la maggioranza esprimeva di non voler più essere governata dal piccolo re e dai suoi successori. Diversi tentativi da parte dei monarchici di fare invalidare il risultato del referendum fallirono.

In occasione delle votazioni amministrative a Piove

di Sacco, Primo accettò la sua candidatura per l'elezione a consigliere comunale.

Nel momento nel quale la lista completa venne resa nota, trovò nei nomi di quella lista nominativi di candidati lontani dalle sue idee, erano personaggi saltati sul carro dei vincitori o a suo avviso di dubbia moralità.

Immediatamente si recò alla segreteria del partito contestando quella lista. Il suo nome non doveva essere associato a quella lista.

Le sue motivazioni non trovarono sostegno, allora davanti al segretario della sezione stracciò la sua tessera.

Smise da quel giorno di fare politica attiva.

Figura 22 Immagine dell'epoca dove finalmente traspare la gioia con la nascita della Repubblica Italiana.

IL FIDANZAMENTO

Era il 1946, quella fredda domenica mattina i fedeli erano già in chiesa in attesa della funzione di quella Messa Grande.

La chiesa era pervasa dagli odori di lana umida e di quello del cherosene che trasudava dalle stufe poste qua e là nella chiesa.

Vi era tra l'altro qualche sentore di grappa, con la quale alcuni fedeli si erano fortificati all'osteria della Bepina in vista della lunga funzione.

Bepi si trovava nel fondo della chiesa assieme al suo amico Nino Rubini suo amico di scorribande e scazzottate nelle balere del circondario e stava osservando chi vi entrava, fu folgorato da una ragazza che non aveva mai notato, chiese allora al suo amico chi fosse e con sorpresa scoprì che era Elena, la prima figlia di Primo *Tonada*.

Primo era un amico di Bepi, anche se era coetaneo di suo padre, gli piaceva la sua compagnia al bar, con il quale gli piaceva discorrere e giocare a carte. Inoltre Primo quando era necessario, ne prendeva le sue difese nelle discussioni in osteria, che venivano generate dagli ultimi avvenimenti politici.

La Repubblica era appena nata e ancora c'era qualcuno che voleva ridiscutere i risultati del referendum. Lui aveva votato per la Repubblica e difendeva la sua scelta. Aveva fatto la guerra voluta da quei guerrafondai dei Savoia e per questo era contento che se ne fossero stati cacciati.

Finita la funzione, ordinatamente dalla chiesa uscivano prima le donne che solitamente si mettevano nelle prime file e dovevano tornare a casa prima degli uomini per preparare il pranzo.

In quel mentre, Elena si accorse dello sguardo di Bepi della famiglia dei *Polo*, l'aveva squadrata dalla testa ai piedi e stava conversando con Nino Rubini, che lei considerava come un altro spaccone di Corte.

Immaginò che stessero in quel momento parlando di lei. Ridevano e guardavano nella sua direzione.

In effetti, parlavano di lei. Bepi aveva congedato Nino anticipandogli che all'uscita della chiesa l'avrebbe avvicinata per corteggiarla.

- Perdi il tuo tempo, quella non è pane per i tuoi denti, non è di famiglia contadina. - Gli aveva detto poco prima aggiungendo: - Una ragazza senza origini contadine figlia di un artigiano, difficilmente si sarebbe adeguata ad una vita di campagna. In campagna la donna oltre che badare alla famiglia deve badare agli animali da cortile e a qualche lavoro nell'orto e non credo che si adegui. Ha la puzza sotto il naso, come le altre che considerano che sposare un contadino non ti offra un'agiatezza familiare. A Corte sai quanti ci hanno provato senza successo? -

Bepi non si scompose, d'altra parte per lui questa era una sfida e di sfide nella sua vita ne aveva collezionate parecchie.

Elena si ricordò anche che la settimana scorsa mentre stava portando i bambini dell'asilo sull'argine del Brenta, quell'insolente, su quello stesso argine stava tagliando l'erba e le aveva lanciato l'amo dicendole:

- Come sarei contento di fare con Voi tutti quei bambini. Lei timida non aveva risposto.

Bepi quella domenica invece aveva cambiato atteggiamento era diventato gentile, le si era avvicinato chiedendole il permesso di accompagnarla a casa.

Elena che era in compagnia delle cugine, accettò. La sua casa era poco distante dalla chiesa, all'incirca cinquecento metri, ma rallentando il passo riuscirono a scambiarsi qualche parola di circostanza.

Elena sapeva che Bepi Polo non frequentava ragazze di Corte, ma preferiva andare nei *pollai* degli altri paesi a fare il galletto.

Arrivati sull'uscio di casa Elena fece per congedare Bepi, ma in quel momento sull'uscio si affacciò Primo e, lo invitò in casa a bere un *goto* [bicchiere di vino]. Elena pensò che suo padre avesse combinato a sua insaputa l'incontro e quando fu congedato Bepi, espresse a suo padre il suo disappunto, ma il padre chiarì che quella era stata solo una casualità, aggiungendo che lo conosceva come suo amico, sottolineando che fosse un bravo ragazzo.

Le domeniche successive Elena accettò nuovamente di essere accompagnata a casa dopo la messa grande e questo diventò una consuetudine e ogni volta in quel breve tratto di strada trovavano sempre qualcosa da dirsi, continuando a scambiarsi opinioni e progetti futuri tra i quali farsi una famiglia propria dove poter rendere concreti i loro modesti sogni, dimenticare la guerra, e avere dei figli. Scoprirono che i loro interessi erano comuni.

In una di queste domeniche, Bepi le chiese la mano. Entusiasta gli rispose di sì, era il 1949 ed Elena comunicò le sue intenzioni al padre, il quale preoccupato per non essere in grado di fornire una dote alla figlia e le consigliò di temporeggiare.

Nei giorni successivi all'osteria della Bepina dove Bepi la sera si ritrovava con gli amici, non trovò Primo per fare il tressette, ma non vi badò, quando poi lo incrociò per strada, si accorse che lo evitava.

La domenica successiva ne parlò a Elena e di comune accordo ritennero di accorciare i tempi.

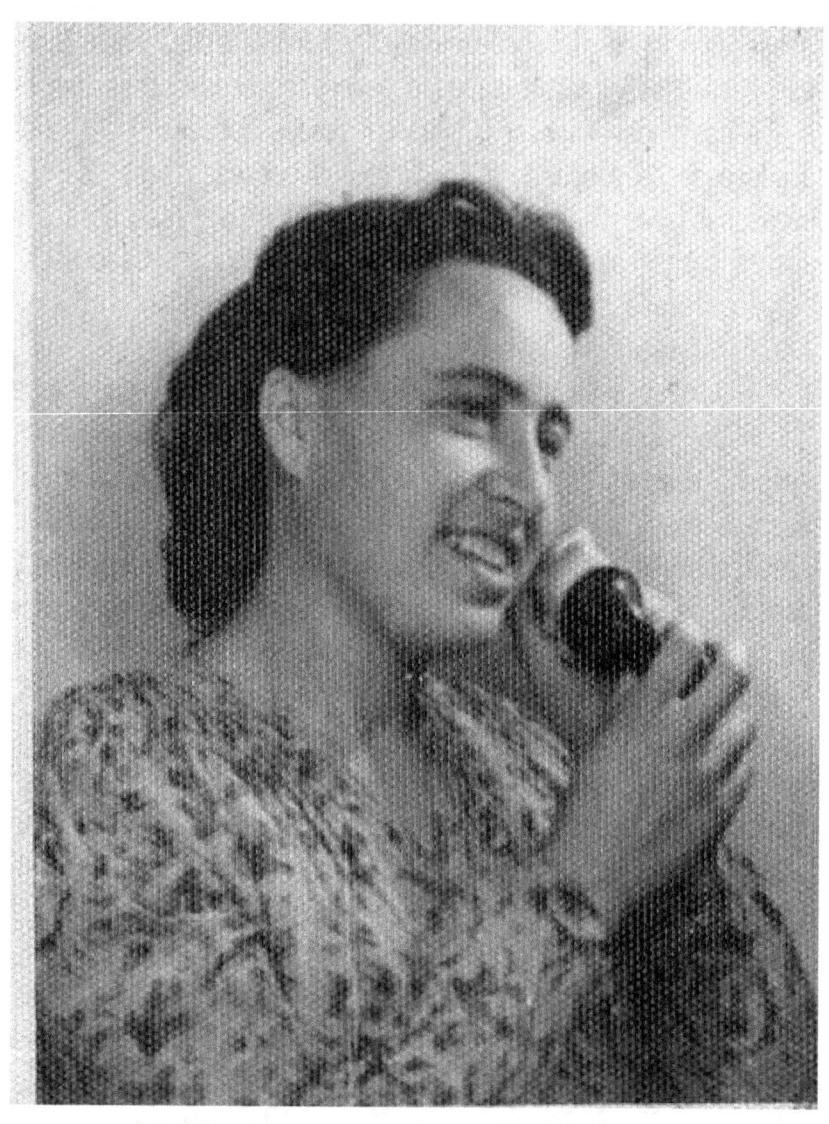

Figura 23 Elena negli anni 40.

IL MATRIMONIO

I due ragazzi decisero allora di mettere in atto quello che si erano detti e la domenica successiva Bepi fu invitato a pranzo dai *Tonada* e chiese ufficialmente la mano di Elena al padre.

In quel frangente Primo gli confessò il motivo per il quale lo aveva evitato.

- Caro *fiosso,* [Bepi faceva parte dei fiossi ai quali aveva fatto da padrino] devi sapere che sono onorato delle tue intenzioni, ma che non posso dare una dote a Elena e per questo motivo avevo consigliato di temporeggiare. Sono contento e onorato di diventare tuo suocero. -

- *Santolo,* voi mi conoscete, sapete che non m'interessa la dote, io voglio solo sposare Elena e poi diamine, quello che serve ce lo possiamo comprare noi, abbiamo già cominciato a mettere soldi da parte. - Rispose semplificando quello che per Primo poteva essere un problema.

Venne allora il turno per Bepi di comunicare a suo padre le proprie intenzioni.

- Papà ho intenzione di sposarmi l'anno prossimo in primavera, Voi cosa ne pensate? - Piero anch'esso come il padre di Elena voleva temporeggiare.

- Bepi sai già che tuo fratello mi ha già comunicato la tua stessa intenzione e non possiamo sostenere due pranzi di nozze in poco tempo, poi la casa non può ospitare altre due famiglie ma solo una, quella di Giovanni. - Rispose Piero, guardando oltre la finestra per non sostenere lo sguardo di suo figlio.

Era stato questo un modo per negare la casa al figlio, il quale prendeva le difese della madre quando lui bevuto dal vino, diventava violento nei confronti della moglie e diveniva per questo 'ridimensionato' da suo figlio.

Era consuetudine salvo eccezioni che i figli maschi quando si sposavano andassero ad abitare nella loro casa natia, dove si faceva posto alla nuova famiglia.

- Papà, vorrei che mi guardaste in faccia mentre vi parlo, in quanto alle spese per il pranzo di nozze, vi ricordo che Giovanni sposa la cugina di Elena e quindi i parenti da invitare saranno gli stessi e quindi si può fare un unico pranzo di nozze e quindi si risparmia. - Controbatté Bepi e aggiunse ironicamente:

- Vi ringrazio per la disponibilità della casa, mi troverò un'altra sistemazione.- Piero rifletté qualche secondo, accese un fiammifero che illuminò di luce violenta il suo cupo volto, si accese un sigaro ed emettendo una nuvola di fumo, concluse:

-Sta' bene, riprendendo a guardare fuori dalla finestra.

La decisione presa dall'incontro con il padre riguardo la sua sistemazione dopo il matrimonio lo fecero riflettere.

Valutò la possibilità di andarsene da Corte, all'osteria gli avevano dato qualche dritta. Lui non si faceva problemi, era abituato a cavarsela. La buona volontà e la salute non gli mancavano, decise così di trasferirsi a Pallanza in Piemonte usando la sua bicicletta.

Era il 1949, terminato l'inverno e Bepi come aveva pianificato, inforcò la sua bicicletta Bianchi sulla quale aveva messo una valigia di legno contenente tutte le sue cose dirigendosi verso la sua meta.

Aveva previsto due tappe prima della meta finale, doveva trovare un rifugio notturno a Brescia e poi a Milano per una notte lo avrebbe ospitato alla cascina Monterobbio il suo paesano Giulio *Begolo*.

Nella tappa di Brescia trovò un ricovero di fortuna e a Milano come previsto si fermò da Giulio.

Le circostanze vollero poi che questa tappa divenisse meta, gli era stato offerto del lavoro in questa cascina, a sud di Porta Ticinese.

La sua fidanzata lavorava anch'essa a Milano e di domenica si ritrovavano.

Il 31 marzo del 1951 si sposarono a Corte e fecero famiglia a Milano.

Figura 24 Bepi ed Elena con i rispettivi padri e la mamma di Elena.

GLI ULTIMI TONADA

Corte via Villa anno1952

Quella mattina Primo si stava alzando dal letto per andare in bottega, ma si rese conto di non potere muoversi: l'artrite contratta in trincea lo aveva completamente bloccato.

Venne a visitarlo il medico di famiglia che prognosticò la necessità di cure termali, i fanghi di Abano avrebbero risolto il problema.

Le risorse economiche erano insufficienti per queste cure che non erano passate dall'assistenza sanitaria nazionale, fu così che per pagarsi le cure cedette la propria attività al suo garzone Giovanni *Gareo*.

Pucci si era già trasferito da qualche tempo a Milano ospite della sorella Elena nella cascina Monterobbio, dove come calzolaio lavorò alla confezione di scarpe su misura per un noto negozio ancora oggi attivo nella vendita di scarpe per bambini.

Dopo le cure Primo si trasferì in Brianza, vivendo da pensionato gli ultimi anni della sua vita.

Giacomo lo *scoagnaro* aveva ricevuto un'offerta di lavoro in quella fertile zona di artigiani del legno e il loro lavoro era ricercato.

Giulia nel frattempo si sposò con un brianzolo, rimarrà in Brianza e si spense prematuramente negli anni '70.

Si sposò anche il figlio Pucci che si trasferì in Brianza dopo il matrimonio andrà a lavorare alla Snia Viscosa di Varedo, dove si produceva la viscosa, una seta artificiale. Il suo lavoro di calzolaio lo svolgeva come dopolavoro. Si era comprato il televisore e l'automobile con i soldi del *nocivo,* termine con il quale in busta paga la Snia pagava come risarcimento quel lavoro insalubre.

Quei quattro soldi in più che guadagnava per il *nocivo* gli stavano minando la salute e quel compenso non valeva più della sua vita. Era deperito di una decina chili, l'acido solforico che impregnava l'aria di Varedo, gli aveva impregnato anche la pelle, al mattino quando si alzava dal letto, le lenzuola ne lasciavano la testimonianza, tingendole di una rossastra tonalità.

Tornò a vivere a Milano, aveva trovato un lavoro meno remunerativo ma che gli diede la garanzia di una vita sana.

Lavorò come magazziniere in un azienda commerciale di macchinari per l'industria della confezione, diventando poi il responsabile del magazzino.

Dopo qualche anno si mise in proprio in quel settore.

Passerà a miglior vita prematuramente prima di raggiungere l'età pensionabile.

Primo era passato a miglior vita nel 1956 a Cesano Maderno, mentre la moglie Emma visse fino agli anni '80.

Elisabetta detta Bea si spense anch'essa prematuramente a Roppolo, la casa di riposo delle suore negli anni '70. Aveva finora svolto la sua opera nelle scuole materne prima in Val D'Aosta e poi in Piemonte nell'ordine dei Salesiani.

Emma aveva come il figlio Pucci una gran passione per la lettura. Leggeva di tutto e aveva una brillante voglia di apprendere, conoscere. Leggeva anche i giornali che riceveva come involucro di qualche gomitolo di lana che le portavano i nipoti che la andavano a trovare all'ospizio a Garbagnate.

Ridendo comunicava le sue vincite alle tombolate che erano organizzate all'interno. Era entusiasta di questo, sosteneva che le sue vincite erano da attribuirsi al fatto che gli altri ospiti più usurati di lei dalla senilità non riuscivano a essere altrettanto veloci per fermare sulle loro tabelle i numeri estratti.

Aveva una memoria prodigiosa che le permetteva di ricordarsi le date di nascita; onomastici di figli, generi e nipoti diventati allora una trentina di persone. Puntualmente inviava a ciascuno la relativa cartolina di auguri.

Il dispiacere generato dall'immatura scomparsa del figlio Pucci le generò un crollo fisico che nel giro di un anno la portò a passare a miglior vita.

Giacomo, dopo pochi anni dal matrimonio tornerà a vivere nel Veneto a Campagna Lupia, territorio veneziano ai confini della Saccisica, dove la famiglia dei *Tonada* rivivrà una in nuova generazione di artigiani attraverso le famiglie dei suoi figli Roberto e Francesco.

Sarà l'ultimo zio a lasciarci prematuramente dopo lo zio Pucci; la zia Suora e la zia Giulia.

La loro bontà d'animo ha lasciato una traccia che sopravvivrà nel tempo nel ricordo dei figli e dei nipoti sparsi in Italia e Stati Uniti.

Sommario

Note sull'autore
Nato a Milano il 26 febbraio 1952.
1967 Dopo una bocciatura al primo anno dell'Istituto tecnico, inizia a lavorare come apprendista meccanico frequentando nel frattempo la scuola serale di Disegnatore Meccanico.
1970 Conseguito il diploma di Disegnatore, è promosso da operaio a equiparato collaudatore assumendo altre responsabilità.
1972-73 Assolve gli obblighi di leva. A quattro mesi dal congedo viene trasferito da Firenze a Trieste per aver denunciato ad un Generale i disservizi del servizio mensa. Qui sarà scoperto come atleta, trascorrerà quest'ultimo periodo nel gruppo atleti.
1973   Al ritorno del servizio di leva riprende il lavoro che aveva interrotto, venendo ulteriormente valorizzato, assumendo altri incarichi nell'ambito del reparto Collaudo, diventando impiegato.
1985   Lascerà l'azienda dove aveva lavorato fin dal 1969 per fare il responsabile Controllo Qualità in diverse aziende fino al 2004.
2004 In seguito al fallimento dell'ultima azienda, ritorna a lavorare come operaio collaudatore fino al 2008.
2008 Consulente controllo qualità.
2011 Spento l'entusiasmo lavorativo, si ritira come pensionato e si dedica alle proprie passioni finora accantonate come la scrittura, la lettura e il podismo.

Pubblicazioni:
2011 LA CASCINA MONTEROBBIO (*ilmiolibro.it)*
2012 I POLI (*ilmiolibro.it)*
2013 IL COLLAUDATORE *(lulu.com)*
2014 HA CAPITO SIGNOR GENERALE? *(lulu.com)*
2015 I POLO nuova edizione de I POLI *(lulu.com)*
2016 LA CASCINA MONTEROBBIO *nuova edizione (lulu.com)*